"十四五"职业教育国家规划教材

U0590168

电子商务视觉设计

第4版·全彩慕课版

Photoshop CS6+AIGC

ELECTRONIC COMMERCE

童海君 蔡颖◎编著

人民邮电出版社
北京

图书在版编目（CIP）数据

电子商务视觉设计：全彩慕课版：Photoshop CS6+AIGC / 童海君，蔡颖编著. -- 4 版. -- 北京：人民邮电出版社，2025. --（电子商务类专业创新型人才培养系列教材）. -- ISBN 978-7-115-66711-3

Ⅰ. F713.36；TP391.413

中国国家版本馆 CIP 数据核字第 2025NF2676 号

内 容 提 要

电子商务视觉设计是塑造品牌形象、提升消费者体验并促进销售转化的关键要素。本书采用理论、案例与实践相结合的方式，详细介绍了电子商务视觉设计的策略、方法与技巧。本书共 11 个项目，分别为初识电子商务视觉设计、店铺视觉配色设计、店铺品牌视觉设计、店铺首页视觉设计、商品详情页视觉设计、高点击率推广图片视觉设计、店铺促销广告视觉设计、移动端店铺视觉设计、移动端店铺优化设计、直播间视觉设计，以及商品短视频视觉设计。

本书内容新颖，案例丰富，不仅可作为各类院校相关专业及电子商务技能培训机构的教材，也适合电子商务从业者学习、参考。

◆ 编　著　童海君　蔡　颖

　　责任编辑　连震月

　　责任印制　王　郁　彭志环

◆ 人民邮电出版社出版发行　　北京市丰台区成寿寺路 11 号

　　邮编　100164　电子邮件　315@ptpress.com.cn

　　网址　https://www.ptpress.com.cn

　　中国电影出版社印刷厂印刷

◆ 开本：700×1000　1/16

　　印张：14　　　　　　　　2025 年 6 月第 4 版

　　字数：307 千字　　　　　2025 年 6 月北京第 1 次印刷

定价：64.00 元

读者服务热线：(010)81055256　印装质量热线：(010)81055316
反盗版热线：(010)81055315

前言
Foreword

在数字经济时代，电子商务以前所未有的速度和规模重塑了全球商业版图。在这个充满竞争与机遇的领域中，视觉设计不仅是商品展示的基本手段，还是品牌塑造、情感连接及商业转化的核心驱动力。

优秀的电子商务视觉设计能够瞬间吸引消费者的注意，通过精心构思的色彩搭配、布局规划、图像选择与文字编排等，营造独特的品牌氛围，传递商品的价值与魅力。不仅如此，电子商务视觉设计还是品牌故事的讲述者。在虚拟的购物环境中，消费者无法直接触摸或试用商品，因此，视觉设计成为他们了解品牌文化、感知商品特性的重要途径。通过富有创意和策略的视觉设计，品牌能够与消费者迅速地建立起情感连接，提升消费者的信任度和忠诚度，进而促进其购买行为的发生。

此外，随着相关技术的不断进步和消费者需求的日益多样化，电子商务视觉设计也在不断演变与创新。从传统的平面设计到如今的视频制作、人工智能（Artificial Intelligence，AI）等技术的应用，电子商务视觉设计正以前所未有的方式丰富着消费者的购物体验。因此，掌握电子商务视觉设计的新趋势和新技术，对于电子商务从业者来说至关重要。本书以 Photoshop CS6 为操作平台，引领学生循序渐进地学习使用 Photoshop 进行电子商务视觉设计的相关知识和技能。

党的二十大报告指出：“加快发展数字经济，促进数字经济和实体经济深度融合，打造具有国际竞争力的数字产业集群。”电子商务作为数字经济的重要组成部分，对于推动数字经济发展具有十分重要的意义。近年来，电子商务行业的发展日新月异，为了紧跟行业发展步伐，更好地满足读者在当前市场环境下对电子商务视觉设计知识的需求，我们结合行业发展趋势和专家反馈意见，在保留上一版教材特色的基础上，对其进行了修订。

本次修订的主要内容如下。

● 根据电子商务行业最新的发展变化，对上一版中较为过时的内容和案例进行了全面更新，所讲知识更加新颖和丰富，更能体现当前市场环境下电子商务行业的发展状况。

- 将课程体例调整为项目任务式，通过以实践为导向的项目任务，有效提升学生的专业技能、团队协作能力和解决实际问题的能力。

- 新增了部分内容，包括产品包装视觉设计、直播间视觉设计，以及人工智能技术在电子商务视觉设计中的具体应用等，更加符合当前形势，学习价值更高。

- 以落实立德树人根本任务为宗旨，新修订了"素养目标"板块，致力于跟上新时代发展的步伐，培养高素质、重应用、善创新、强能力的应用型人才。

与上一版相比，本版内容与时俱进，更加新颖，更注重理论与实践的结合，突出时代性、实用性和科学性，更有利于教师的课堂教学和学生对知识的吸收。

此外，本书还提供了丰富的立体化教学资源，包括慕课视频、PPT 课件、电子教案、教学大纲、课程标准等，选用本书的教师用手机扫描右侧二维码即可观看慕课视频，登录人邮教育社区（www.ryjiaoyu.com）也可下载获取其他配套资源。

扫一扫，看慕课

本书由童海君和蔡颖编著。在本书的修订过程中，李靖为本书编写了大量新的内容。由于编者水平有限，书中难免存在不足和疏漏之处，恳请广大读者批评指正。

编　者

2025 年 4 月

目录

Contents

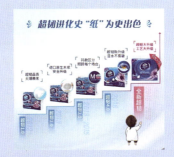

项目一
初识电子商务视觉设计

→ 知识目标

- 初步了解视觉设计。
- 了解电子商务视觉设计前的准备工作。
- 掌握电子商务视觉设计的构图方法。

→ 能力目标

- 能够对网店进行视觉定位。
- 能够识别电子商务视觉设计的构图方法。

→ 素养目标

- 培养和提高审美能力，用美感塑造品牌形象。
- 培养创造性思维，用创意激发创作活力。

　　电子商务平台上的商品数以亿计，消费者在浏览商品时一般会更注重第一眼的感觉。说到如何让消费者第一眼就对商品感兴趣，就不得不提电子商务视觉设计。电子商务视觉设计近年来受到了我国各大企业和知名品牌的高度重视，特别是在以淘宝、天猫为代表的电子商务平台中，电子商务视觉设计理念运用得非常广泛，效果也很明显。本项目将介绍一些电子商务视觉设计的基础知识，如什么是视觉设计、电子商务视觉设计前的准备工作，以及电子商务视觉设计的构图方法。

任务一 什么是视觉设计

视觉设计是指通过一些设计让产品的视觉效果更加出彩，这些设计是针对人类眼睛的特点进行的。视觉设计大体上可分为视觉识别设计和视觉传达设计两种，下面将分别对其进行介绍。

一、视觉识别设计

现代科学实践表明，视觉是人们获取信息的主要渠道。一个人接收到的外界信息83% 都是通过视觉获得的。随着各种媒体和传播途径的迅猛发展，人们可能在面对大量繁杂的信息时变得无所适从。此时，企业需要统一、集中的设计传播，其中个性和身份的识别尤为重要。

视觉识别设计来源于企业形象识别系统（Corporate Identity System，CIS）。20 世纪50 年代中期，IBM 公司在其设计顾问提出的"通过一些设计来传达 IBM 的优点和特点，并使公司的设计统一化"的倡导下首先推行了 CIS 设计。随后，一些大中型企业纷纷将CIS 作为一种企业经营战略，并希望它成为企业形象传播的有效手段。

企业形象识别系统一般分为 3 个方面，即企业的理念识别（Mind Identity，MI）、行为识别（Behavior Identity，BI）和视觉识别（Visual Identity，VI），如图 1-1 所示。企业视觉识别系统是企业理念的视觉化，企业通过形象广告、标志、商标、品牌、产品包装、企业内部环境布局等向消费者传达企业理念，使消费者对企业产生一致的认同感。企业视觉识别系统既可以帮助企业形成独特的企业形象，又是企业无形资产的重要组成部分。

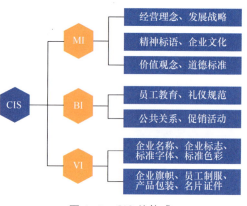

图 1-1 CIS 的构成

视觉识别系统规范手册就是用来规范企业形象设计的图书，内容主要分为基本设计要素和应用设计要素两个部分：基本设计要素包括企业名称、企业标志、标准字体和标准色彩，应用设计要素是基本设计要素在企业旗帜、员工制服、产品包装、名片证件等载体上的应用。

企业进行视觉识别设计最初只是为了设计一套能够将自己与其他企业区别开来的标识系统，后来这种设计逐渐演变为企业文化的外在表现。视觉识别系统的导入使很多企业取得了良好的经营业绩。以我国知名国产品牌比亚迪（BYD）为例，无论是其简洁易记的中文名称，还是富有科技感的"BYD"字母标志，都深刻地体现了比亚迪的品牌理念与产品特色。

比亚迪最初以电池制造业起家，逐步拓展至汽车、新能源及轨道交通等多个领域。

其标志设计灵感源自"Build Your Dreams"（成就你的梦想）这一品牌理念，简洁的
"BYD"字母，以银色为主色调，搭配黑色底色，既现代化又不失稳重，寓意着比亚迪
致力于通过科技创新为消费者打造梦想中的产品与服务。

比亚迪这一中文名同样富有深意，"比"象征着不断超越，"亚"取亚洲之意，表
明其本土根基与国际化视野，"迪"则意为启迪未来，整体传达出企业积极向上、勇于
探索的精神风貌。比亚迪自创立之初，其品牌精神便紧密地融入品牌视觉形象。多年来，
比亚迪的标志虽不断演进，如图1-2所示，但其核心元素与品牌精神始终保持一致，这
些标志成为连接消费者与比亚迪的重要桥梁，展现了比亚迪品牌文化的独特魅力与深远
影响。

图1-2　比亚迪的标志的演进

二、视觉传达设计

视觉传达设计是以视觉媒介为载体，以文字、图形和色彩作为创作要素，利用视觉
符号传达特定的信息给消费者，从而对消费者产生影响的设计。视觉传达的作用是让人
与人之间利用"看"的形式进行交流。

对于企业来说，出色的视觉传达设计不仅可以体现出品牌的内涵和档次，还会给
消费者留下深刻的印象。视觉传达设计的典型案例是海尔（Haier）的品牌形象设计。
自20世纪90年代起，海尔便在其广告宣传中频繁使用一个温馨而富有亲和力的卡通形
象——"海尔兄弟"，如图1-3所示。特别是在一系列电视广告中，"海尔兄弟"的形
象与海尔产品紧密结合，通过生动有趣的故事，传达了海尔对品质、科技及消费者关怀
的承诺。这些广告在各大媒体上广泛发布，使"海尔兄弟"成为家喻户晓的卡通形象，
同时也让海尔的知名度与美誉度大幅提升。

图1-3　"海尔兄弟"卡通形象广告

任务二 电子商务视觉设计前的准备工作

"即使是水果蔬菜，也要像静物写生画那样艺术地排列，因为产品的美感能激起消费者的购买欲望"，这句话说明了视觉艺术的重要性。电子商务视觉设计从形式上看就是要利用视觉手段来吸引消费者和提高产品销量的，但目前大多数网店装修偏重于设计，核心内容是视觉展示。

从大多数网店的实际运营效果来看，一味追求视觉效果的结果往往不够理想，虽然网店设计了足够美观的页面，产品销量却没有显著提升。在进行视觉设计前，网店应该对自身进行分析，即对网店进行视觉定位，并制定视觉规范。

一、网店的视觉定位

视觉定位就像人的风格定位，不同的产品应该对应不同的视觉定位，不同的消费群体有着不同的视觉偏好，因此，关键是要将产品的视觉定位和消费群体的视觉偏好相结合，使网店在风格上呈现出一种整体效果。

营销型网店的视觉定位原则为营造促销氛围，主要体现在通过对比强烈的颜色突出显示打折、包邮、半价等优惠活动的信息。为了打造视觉焦点，主推产品的价格数字可以使用加粗、加大的字体显示。

品牌型网店的视觉定位原则是突出品牌优势，整体设计风格偏向于简洁、干净，重点突出品牌Logo、形象代言人等元素。在页面布局方面，将能够体现品牌优势的产品设计、加工工艺、质量标准和售后服务等内容安排在前几屏，可以让消费者首先看到这些信息。

为了降低消费者对价格的敏感度，品牌型网店通常会放大卖点文字和图片的尺寸，同时尽量缩小价格数字，并且避免使用对比强烈的颜色，如图1-4所示。为了维护消费者对于品牌形象的认知，品牌型网店的文案中很少出现打折、促销等字眼。

服务关系型网店的视觉定位原则是包装服务形象。网店运营者通过社交工具与消费者进行前期交流，消费者在进入服务关系型网店时就已经对自己要购买的产品有足够的认识。因此，这类网店的视觉内容通常简明扼要，通过简单、温馨的颜色和具体化的形象向消费者展示其专业性，如图1-5所示。

图1-4 品牌型网店的视觉内容

图 1-4　品牌型网店的视觉内容（续）

图 1-5　服务关系型网店的视觉内容

↘ 二、制定视觉规范

任何一个优秀的设计作品都会有自己的视觉规范。电子商务视觉设计前的准备工作主要是围绕制定视觉规范和搜索整理素材来展开的，因此，首先要把抽象的风格定位具体化为图形、颜色和字体等元素，然后为这些元素制定视觉规范，并以手册的形式落实在纸面上。

制定视觉规范的意义如图 1-6 所示。

统一识别

视觉规范可以确保网店在整体风格、售前售后服务和产品包装形象等方面都保持整体风格的一致性，既有利于消费者识别和区分店铺，也可以避免消费者在浏览时出现理解困难，甚至是理解错误的现象。

节约资源

除了活动海报等个性化模块之外，其他的页面和模块也参照视觉规范进行设计可以极大地减少设计时间，从而达到节约资源的目的。

重复利用

设计相同属性的模块或页面时，执行视觉规范有利于减少无关的信息，方便消费者阅读和信息传递。同时，视觉规范也有利于美工人员之间协调工作。

图 1-6　制定视觉规范的意义

在制定视觉规范前，可以先研究一下产品销量比较高的同类店铺，分析同类店铺在视觉表现方面的共性，借鉴别人优点的同时找出自己的不足和需要改进的地方。为了避免完全模仿和照搬别人的页面设计，还可以到目标人群喜欢访问的网站寻找灵感，找出设计上的异同点。

任务三　电子商务视觉设计的构图方法

在现实生活与自然界中，几何图形的美几乎随处可见，简单的三角形、正方形、长方形、圆形，甚至几根线条组成的有趣图形，都很符合现代审美的要求。适当的画面切割能给页面带来动感与节奏感，恰当的页面构图能让页面设计更加出彩，也能让设计工作事半功倍。

电子商务视觉设计的构图方法大致可以分为对称切割构图法、组合切割构图法、整体场景构图法、简单切割构图法、流程构图法、放射构图法和物体轮廓构图法。下面将分别对这几种构图方法进行简要介绍。

↘ 一、对称切割构图法

对称切割构图法一般是指将页面分为对称的几部分（如将整个页面一分为二）的构图法。这种构图具有较强的视觉冲击力，可以使页面呈现平衡且不失重的效果，如图1-7所示。

图1-7　对称切割构图法

↘ 二、组合切割构图法

组合切割构图法是指通过集中而有规律的排列从整体上抓住人们的视觉注意力，让整个页面更具立体感的构图法。这种构图方法适用于每个区块中的内容属于平级关系的情况，能够让页面布局更具创意，如图1-8所示。

图1-8 组合切割构图法

↘ 三、整体场景构图法

整体场景构图法一般适用于促销、节日庆典等活动，如图1-9所示。整体场景构图法可以使消费者快速融入活动氛围，并使产品信息的表达更加精准、流畅。

在设计这种页面时，设计人员在头脑中要有画面感，首先建立大的画面关系，然后添加细节内容。切记不要让场景元素成为视觉焦点，在适当的时候可以做减法。

图 1-9　整体场景构图法

↘ 四、简单切割构图法

简单切割构图法是指使用简单的线条或图案整齐地分割整个页面，使页面变得生动、有趣，内容区域得到有效划分，如图 1-10 所示。这类构图方法对内容没有过多的要求，设计人员可以随意安排内容，具体排版方式可根据内容确定。这类构图方法同样具有较强的视觉冲击力。

图 1-10　简单切割构图法

↘ 五、流程构图法

如果设计人员需要按照循序渐进的方式展现产品，那么不妨采用流程构图法。流程构图法能够将步骤、关系、各个节点及整体流向展示清楚，让枯燥的流程变得简洁明了、个性十足，并且充满趣味性，如图1-11所示。

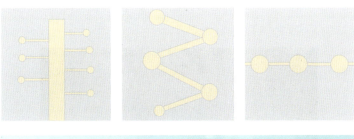

图1-11 流程构图法

↘ 六、放射构图法

放射构图法能够展示出由一个中心点向四周扩散的效果，使整体页面呈现出立体感与空间感，且页面视觉冲击力强，富有动感。需要注意的是，这种构图方法不太利于文字的阅读，通常适用于文字数量较少的情况，其效果如图1-12所示。

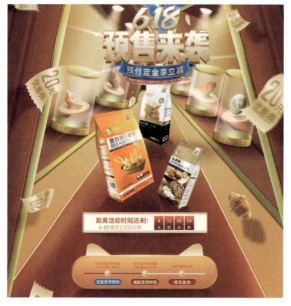

图 1-12　放射构图法

↘ 七、物体轮廓构图法

物体轮廓构图法主要适用于活动、节日或新品宣传等专题。设计人员可以根据专题的主要内容先从整体上构建一个边界或外形线，形成一个大的轮廓，然后将内容巧妙地填充进去。

物体轮廓构图法能让整个页面更加生动、形象、有趣，如图 1-13 所示。需要注意的是，设计时要将形状轮廓化，加以强调突出，主体不要太抽象，应舍弃一些烦琐、次要的元素，以免影响消费者阅读。

随着电子商务视觉设计越来越注重个性、趣味性及视觉冲击力，专题页面的构图方法也越来越多样化，以上只是列举了较为常见的几种构图方法。对于不同的主题、不同的内容，适用的构图方法不尽相同。

前文列举的构图方法也可以搭配使用。设计人员在构思时可以大胆尝试，先考虑内容和风格，确定构图方法，再添加内容。在排版时要充分考虑内容，尽量做到让一个专题在有大创意的同时又兼顾小细节，实现整体的和谐与统一。

图 1-13　物体轮廓构图法

项目实训

1. 在移动端应用商店下载并登录京东 App，或者在 PC 端登录京东官方网站，浏览之后分析这两种渠道的视觉定位。在明确视觉定位后，仔细查看不同渠道中的各个页面，分析其构图方法。

2. 请分析图 1-14 中的 3 张商品详情页图片分别使用的是哪种构图方法。

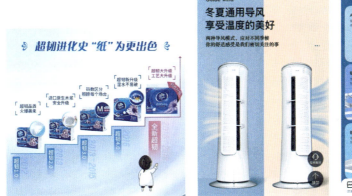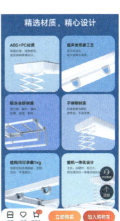

图 1-14　商品详情页图片

项目二
店铺视觉配色设计

➡️ 知识目标

- 了解店铺页面的配色方案。
- 了解店铺页面常见的配色误区。
- 掌握店铺页面配色设计方法。

➡️ 能力目标

- 能够进行店铺页面主色设计。
- 能够进行店铺页面文案配色设计。
- 能够进行店铺页面辅色设计。

➡️ 素养目标

- 坚定文化自信，在进行配色设计时弘扬中华优秀传统文化。
- 培养工具意识和工具思维，用图片处理工具高效完成配色设计。

色彩是企业形象识别系统中最为直观和感性的元素之一。通过巧妙的色彩搭配，店铺不仅能够迅速树立起独特的品牌形象，提升品牌的辨识度和记忆度，还能引导消费者情绪、优化视觉层次、提升用户体验和促进品牌传播。因此，在电子商务视觉设计中应高度重视色彩的运用与搭配，为消费者营造具有吸引力的购物环境。色彩的运用与搭配会直接影响消费者的情绪与购买决策，进而提升消费者的满意度和店铺的转化率。

任务一　店铺页面的配色方案

要想让自己的店铺脱颖而出，配色设计至关重要。在店铺设计中，最能吸引消费者的显性因素是色彩。消费者对不同的色彩产生的生理和心理感受不同，不同的产品也有不同的色彩特性。因此，在店铺设计中，只有将色彩搭配得恰到好处才能使店铺呈现出独特的艺术效果。

一、色彩搭配原则

色彩搭配并不是简单地把几种色彩拼在一起，而需遵循一定的原则。下面介绍色彩搭配的 6 个原则。

1. 渐进配色

渐进配色是按色相、明度、纯度三要素将色彩有序地排列。其特点是即使色调沉稳，也很醒目，尤其是按色相和明度排列的渐进配色，如图 2-1 所示。此外，彩虹的配色也属于渐进配色。

图 2-1　渐进配色

2. 对比配色

对比配色是指通过营造色相、明度或纯度等方面的对比进行色彩搭配，有鲜明的强弱感。其中，色相对比能给人以明快、清晰的印象，可以说只要有色相对比，配色一般就不会太失败，如蓝色配橙色、黄色配紫色，如图 2-2 所示。

图 2-2　对比配色

3. 色调配色

色调配色是指将具有某种相同性质（冷暖调、明度、纯度）的色彩搭配在一起，色相越全越好，最少包含 3 种色相，如图 2-3 所示。例如，同等明度的红色、黄色、蓝色搭配在一起就属于色调配色。彩虹的配色也是很好的色调配色的范例。

图 2-3　色调配色

4. 近似配色

近似配色是指选择相邻或相近的色彩进行搭配，这种配色因为含有三原色中某一共同的色彩，所以非常协调，如图 2-4 所示。如果是单一色彩的浓淡搭配，则称为同色系配色。

图 2-4　近似配色

5. 单重点配色

单重点配色是指让两种色彩形成面积上的强烈对比。"万绿丛中一点红"就是一个单重点配色的范例。其实，单重点配色是对比配色的一种，相当于将一种色彩作为底色，将另一种色彩作为底色上的图形，如图 2-5 所示。

图 2-5　单重点配色

6. 分隔式配色

如果两种色彩比较接近，看上去不太分明，就可以将其他色彩加在这两种色彩之间，整体效果会很协调。加入色一般是无彩色系的色彩，如图 2-6 所示。

图 2-6　分隔式配色

二、色彩的联觉聚焦图片

不同的色彩有着不同的寓意与作用，当人们看到某种色彩时，除了可以感受到生理方面的影响外，还会产生一定的心理感受与联想，如图 2-7 所示。

色相	心理感受	通常会联想到的商品
红色	兴奋、热情、温暖	敬酒服、年货、红包、口红
橙色	能量、激进、快乐	食品、暖光灯具
黄色	鲜明、欢快、喜悦	荧光笔、蜂蜜、柠檬
绿色	清新、活力、健康	药品、健身器材、空气净化器、盆栽
蓝色	冷静、忧伤、严谨	男士用品、科技电子产品
紫色	高贵、气质、智慧	晚礼服、化妆品
黑色	肃穆、高端、神秘	高端奢侈品、车饰、鼠标、键盘
白色	神圣、无瑕、质朴	婚纱、医疗用品、餐饮器皿
灰色	科技、朴素、优雅	戒指、手机、计算机

图 2-7　不同色彩引发的心理感受与联想

人们看到蓝色、黑色时通常会产生科技感，看到橙黄色时通常会联想到餐厅的橘色灯光、食物……在心理学上，对一种感官的刺激作用触发另一种感觉的心理现象称为联觉现象。色彩的联觉可以简单地理解为由色彩引发的联想。

色彩的联觉反映人们感知色彩的经验，在消费过程中人们会自觉或不自觉地运用这种感知习惯。同时，人们的视觉对色彩最为敏感，所以人们在浏览购物网站时很可能会首先通过色彩来识别产品。

例如，消费者想要购买食物时，很可能会忽略其他色彩的事物，而将注意力集中在寻找橙黄色的事物上，因为橙黄色是容易引起食欲的色彩，消费者已经习惯于将食物与橙黄色联系在一起。

图 2-8 所示为食物的不同色彩对比。消费者对色彩非常敏感，所以他们在看到这两张图片时首先会注意到色彩，从而形成图 2-9 所示的感知心理，这样的心理影响了他们的购买行为。

图 2-8　食物的不同色彩对比

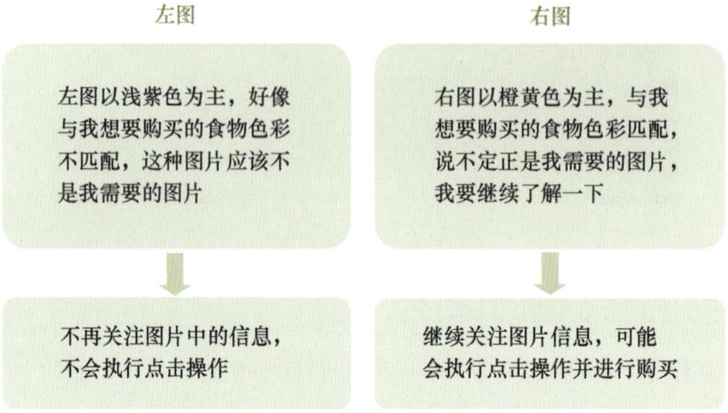

左图

左图以浅紫色为主，好像与我想要购买的食物色彩不匹配，这种图片应该不是我需要的图片

不再关注图片中的信息，不会执行点击操作

右图

右图以橙黄色为主，与我想要购买的食物色彩匹配，说不定正是我需要的图片，我要继续了解一下

继续关注图片信息，可能会执行点击操作并进行购买

图 2-9　色彩对购买行为的影响

不难发现，即使图片内容不变，不同色彩的运用也会让消费者做出不同的选择。可以这样说，要想吸引消费者的目光，就需要根据消费者的认知习惯找出通常情况下能够表现产品的最具代表性的色彩，并将其运用到与产品相关的视觉设计中，这样才能避免消费者因为色彩而放弃对产品的进一步关注。

三、店铺风格的形成要素

店铺风格的形成要素主要包括店铺的主要风格、产品的情绪、店铺的主题气氛、店铺的包装色彩和 VI 配色。下面将分别对其进行介绍。

1. 店铺的主要风格

经营不同的产品需要设计不同的店铺风格，否则会让人觉得不伦不类。常见的店铺风格有简约清爽型、商业型、炫酷型、可爱型和特色型等。

简约清爽型店铺以淡色为主，适合办公室人群浏览，适用于服装、美容、家居用品和饰品等，如图 2-10 所示。

商业型店铺的促销产品位置明显，直截了当，一般适合男性人群浏览，适用于家电产品、手机、数码产品和家具等，如图 2-11 所示。

炫酷型店铺一般采用冷色调，一般适合大学生或男性人群浏览，适用于文体用品、户外用品和数码产品等，如图 2-12 所示。

可爱型店铺通常采用暖色调，主要以卡通图案或动物、花草图案等为装饰元素，一般适合女性人群浏览，适用于母婴用品、饰品、毛绒玩具、居家日用品等，如图 2-13 所示。

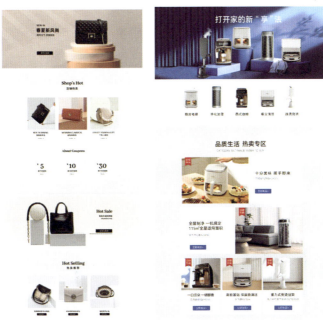

图 2-10　简约清爽型店铺　　　　图 2-11　商业型店铺

特色型店铺一般适用于高雅的奢侈品或民族风产品等，适合某类特定人群浏览，如图 2-14 所示。

图 2-12　炫酷型店铺　　　　图 2-13　可爱型店铺　　　　图 2-14　特色型店铺

2. 产品的情绪

产品的情绪是指色彩赋予产品本身的情感。产品最终的消费群体为生活在我们周围的人，设计人员平时要多多积累生活素材，去发现和探索产品的情绪。

（1）女装风格

女装风格可划分为韩式风格、淑女风格、嬉皮风格、波西米亚风格、田园风格和民族风格等。

韩式风格的服装多用白色，常见的配色方案为大面积白色搭配黄色、粉色和绿色等，如图2-15所示。

淑女风格的服装一般做工精致，配色典雅，多以素色为主，简单地说就是偏传统的服装，如图2-16所示。

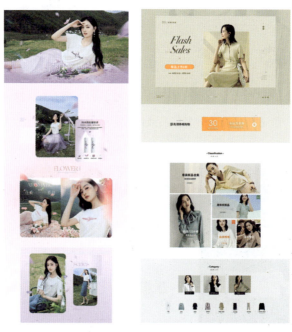

图2-15　韩式风格　　　图2-16　淑女风格

嬉皮风格的女装以穿着宽松、随性及色彩丰富为主要特色，是比较反传统的风格，类似混搭风格，如图2-17所示。

波西米亚风格的服装一般色彩艳丽，具有民族风情，有的带有流苏，给人一种自由、个性的感觉，如图2-18所示。

田园风格的女装具有大自然的色彩，通常包含小碎花和编织品的元素，如图2-19所示。

民族风格的女装是具有古典色彩或特定民俗风情的服装，如图2-20所示。

图 2-17　嬉皮风格　　　　图 2-18　波西米亚风格

图 2-19　田园风格　　　　图 2-20　民族风格

（2）男装风格

男装风格可以划分为商务休闲风格、运动休闲风格、英伦风格和时尚休闲风格等。

商务休闲风格的男装既具备商务装的功能，又带有休闲装的随意感，介于西装和休闲装之间，经常采用咖啡色、灰色、藏蓝色等低纯度的色彩，如图 2-21 所示。

运动休闲风格的男装可以让男士在休闲运动时舒展自如，以良好的自由度、功能性和运动感赢得了消费者的青睐，如图 2-22 所示。

图 2-21　商务休闲风格　　　　图 2-22　运动休闲风格

英伦风格的男装具有自然、优雅、含蓄的特点，经常采用藏蓝色、黑色、灰色等低明度的色彩，如图 2-23 所示。

时尚休闲风格的男装是男士在进行休闲活动时常穿的服装，常采用蓝色、绿色和青色等让人感觉轻松的色彩，如图 2-24 所示。

3. 店铺的主题气氛

店铺的主题气氛主要通过店铺的配色和装饰来烘托。例如，以年货节为主题的店铺大多采用红色等喜庆的色彩，以及灯笼和烟花等元素来烘托气氛；以端午节为主题的店铺大多采用绿色、橙色等鲜艳明亮的色彩，以及龙舟、粽子等传统元素来烘托气氛，如图 2-25 所示。

图 2-23　英伦风格　　　图 2-24　时尚休闲风格

图 2-25　店铺的主题气氛

4. 店铺的包装色彩

人们对于一个店铺色彩的记忆往往源于店铺的包装色彩，其体现了整个店铺的风格。

色彩有自己的语言，可以唤起人们的心灵感知，所以店铺的包装色彩应该与商品特性或目标消费群体的特性相符合。

如果店铺主营适合 18 ~ 35 岁女性佩戴的饰品，那么店铺应选偏粉色系色彩，如图 2-26 所示；如果店铺主营茶具，那么店铺选择偏黑色系色彩往往会给消费者高端的感觉，如图 2-27 所示。

图 2-26　偏粉色系色彩　　图 2-27　偏黑色系色彩

5. VI 配色

VI 配色是指在店铺 Logo 中提取色彩进行配色，主要分为单色 VI 配色、双色 VI 配色和多色 VI 配色。

如果店铺 Logo 为单色，那么单色 VI 配色方案就是以该色彩作为整个店铺的主色或辅色，这样可以使整个店铺看起来上下呼应、干净简洁。

如果店铺 Logo 由两种色彩组成，那么双色 VI 配色方案就是以其中一种色彩作为店铺的主色，另一种色彩作为辅色。

如果店铺 Logo 由三种或三种以上的色彩组成，那么多色 VI 配色方案就是以其中一种色彩作为店铺的主色，其余色彩作为辅色。

任务二　店铺页面的配色误区

店铺的装修对商品的销售影响非常大，越来越多的卖家已经认识到这一点。在店铺装修时，千万要注意色彩的运用及搭配，因为不合理的色彩运用及搭配会对商品销售造成负面影响。下面介绍一些常见的店铺页面的配色误区。

↘ 一、色彩过多

合理地运用色彩会使店铺页面变得鲜艳、生动且富有活力，但色彩数量的多少并不与店铺页面表现力的强弱成正比。

有的店铺页面用了尽可能多的色彩，令人眼花缭乱，形成了版面复杂、混乱的视觉效果，对消费者获取和理解信息毫无帮助，反而带来了消极的影响，如图 2-28 所示。

图 2-28　色彩过多

因此，在设计店铺页面的配色时，要确定有一种主色。主色不一定是所占面积最大的色彩，但应该是最重要、最能揭示和反映主题的色彩。切记，不要将所有色彩都运用到店铺页面上，尽量将所用色彩控制为 3 ~ 5 种。

↘ 二、背景和文字色彩对比不强烈

人眼识别色彩的能力有一定的限度，由于色彩的同化作用，色彩对比较强的内容易于分辨，而色彩对比较弱的内容难以分辨。

背景和文字色彩对比不强烈，则文字无法突出，而且昏暗的背景会让人产生沮丧的感觉，用花纹繁杂的图案充当背景则容易让人眼花缭乱。

背景和文字色彩对比不强烈，还容易使商品的辨识度降低，如图 2-29 所示。

图 2-29 背景和文字色彩对比不强烈

↘ 三、过分强调色彩的刺激度

在生活中，我们会觉得某些色彩很刺眼，看的时间长了容易导致视觉疲劳。人们在网上购物时绝不希望自己的视力受损，所以设计人员在进行店铺页面配色设计时应尽量少用容易引起人们视觉疲劳的色彩。一般来说，高明度、高纯度色彩的刺激度高，如图 2-30 所示。在无彩色系中，白色的明度最高，黑色的明度最低；在有彩色系中，最明亮的是黄色，最暗的是紫色。

　　需要注意的是，刺激度高的色彩不宜大面积使用，出现频率也不宜过高。低明度色彩造成的视觉疲劳度虽然低，但往往会使人产生压抑感，所以也不建议将店铺页面设计得过于暗淡。

图 2-30　过分强调色彩的刺激度

任务三　店铺页面的整体配色案例

　　下面通过制作一个家电店铺页面来讲解店铺页面的整体配色方法，该店铺页面以蓝色为主色，以黄色、红色为辅色，给人清新、明快的感觉，如图 2-31 所示。

　　本案例大致分为店铺页面主色设计、店铺页面文案配色设计与店铺页面辅色设计 3 个部分。

优惠券的红色文字与
黄色背景形成鲜明的
对比，有助于增强文
字的可读性，使优惠
信息更加突出

选用蓝色作为店铺页面的
主色，不仅营造了夏日海
滩的清凉氛围，还提升了
整个页面的清新度和视觉
舒适度

选用蓝色作为"清凉节新
品上市"板块的背景色，
与海报中夏日海滩的背景
色相呼应，给人一种上下
统一的视觉感受

图 2-31　家电店铺页面

↘ 一、店铺页面主色设计

在本案例中，店铺页面主色设计的方法如下。

店铺页面
主色设计

步骤 01 运行Photoshop CS6软件，选择"文件"|"新建"命令，在弹出
的"新建"对话框中设置各项参数，然后单击"确定"按钮，如图2-32
所示。按【Ctrl+R】组合键显示标尺，选择"视图"|"新建参考线"命
令创建参考线，将垂直参考线的位置分别设置为340像素和1580像素，如
图2-33所示。

图 2-32　新建文档

图 2-33　创建参考线

步骤 02 将前景色设置为RGB（136、188、246），按【Alt+Delete】组合键进行填充，如图2-34所示。选择矩形工具 ▇ 绘制一个矩形，在其工具属性栏中将填充色设置为RGB（159、225、255），在"属性"面板中将"羽化"设置为"300.0像素"；在"图层"面板中将"矩形1"图层的图层混合模式设置为"滤色"，将"不透明度"设置为"55%"，如图2-35所示。

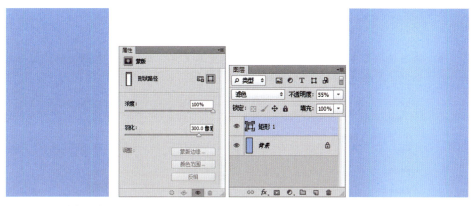

图 2-34　填充颜色　　　　　　图 2-35　绘制并编辑矩形

步骤 03 打开"海报"素材文件，将其拖入之前的图像窗口。按【Ctrl+T】组合键调出变换框，调整图像的大小和位置，如图2-36所示。

图 2-36　添加素材文件

二、店铺页面文案配色设计

在本案例中，店铺页面文案配色设计主要采用了蓝色与橙色的对比配色方案，以此作为视觉焦点来强调主题信息"超级节能 清凉一夏"及促销信息"全场每满300元减50元"，不仅增强了页面的视觉冲击力，还有效提升了信息的吸引力与辨识度。本店铺页面文案配色设计的方法如下。

店铺页面文案配色设计

步骤 01 导入"文字"和"装饰"素材文件，选择横排文字工具 **T**，输入促销文案；打开"字符"面板，设置文字的各项参数，如图2-37所示。

图 2-37　添加素材文件并输入文字、设置参数

步骤 02 单击横排文字工具属性栏中的"创建变形文字"按钮，在弹出的"变形文字"对话框中设置各项参数，然后单击"确定"按钮，如图2-38所示。

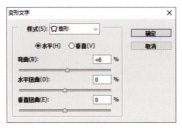

图 2-38　创建变形文字

步骤 03 双击"全场每满300元减50元"图层，在弹出的"图层样式"对话框中设置各项参数，为文字添加"斜面和浮雕"和"投影"效果，并将投影颜色设置为RGB（255、128、21），如图2-39所示。

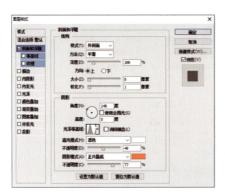
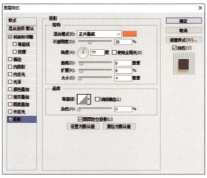

图 2-39　添加图层样式

28

↘ 三、店铺页面辅色设计

在本案例中，蓝色与白色等冷色调为产品信息的展示提供了清晰的背景，而黄色、红色等暖色调的点缀使关键信息更加突出。同时，各种颜色之间的搭配也保持了整体的和谐统一，避免了给人杂乱无章的感觉。本店铺页面辅色设计的方法如下。

店铺页面
辅色设计

步骤 01 选择圆角矩形工具 ▣，在其工具属性栏中将"半径"设置为"50像素"，绘制一个圆角矩形作为标题边框；选择横排文字工具 T，输入标题文案；打开"字符"面板，设置文字的各项参数，如图2-40所示。

图2-40　绘制圆角矩形并输入文字、设置参数

步骤 02 双击"圆角矩形1"图层，在弹出的"图层样式"对话框中设置各项参数，为圆角矩形添加"描边""内阴影""渐变叠加"效果，并将内阴影颜色设置为RGB（255、60、58），将渐变叠加颜色设置为RGB（255、60、58）到RGB（254、94、56），如图2-41所示。

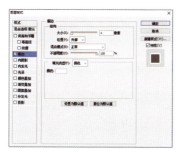
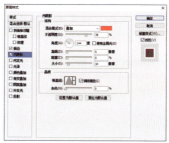

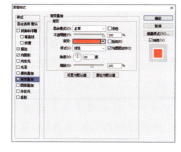

图2-41　为圆角矩形添加图层样式

步骤 03 双击"领券购物更优惠"图层，在弹出的"图层样式"对话框中设置各项参数，为文字添加"描边""渐变叠加""投影"效果，并将描边颜色设置为RGB（223、35、16）、将渐变叠加颜色设置为RGB（255、237、209）到白色，如图2-42所示。

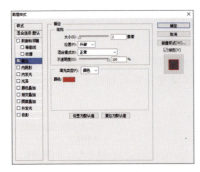

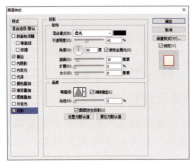

图 2-42　为标题文字添加图层样式

步骤 04 导入"边框"和"优惠券"素材文件，选择横排文字工具 T，输入优惠券文案；打开"字符"面板，设置文字的各项参数，其中将文字颜色设置为RGB（255、34、32），如图2-43所示。

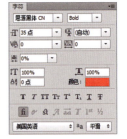

图 2-43　添加素材文件并输入文字、设置参数

步骤 05 双击"图层5"图层，在弹出的"图层样式"对话框中设置各项参数，为优惠券添加"斜面和浮雕"和"颜色叠加"效果，并将叠加颜色设置为RGB（255、216、137），如图2-44所示。

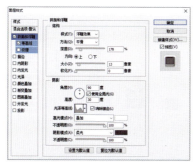

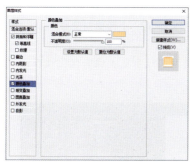

图2-44 添加图层样式

步骤 06 选择圆角矩形工具▢，绘制一个蓝色圆角矩形作为按钮。选择所有优惠券图层，按【Ctrl+G】组合键将图层编组，然后按【Ctrl+J】组合键复制图层组，并修改优惠券内容，效果如图2-45所示。采用同样的方法制作"积分兑换小家电"板块，然后导入"礼品"素材文件，如图2-46所示。

图2-45 制作另一张优惠券　　　图2-46 制作"积分兑换小家电"板块

步骤 07 采用同样的方法，复制标题和边框素材，开始制作"清凉节新品上市"板块，如图2-47所示。在浏览器中打开"百度AI图片助手"页面，单击"上传图片"按钮，在弹出的"打开"对话框中选择"洗衣机"素材文件，然后单击"打开"按钮，如图2-48所示。

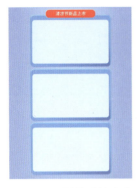

图 2-47　制作"清凉节
新品上市"板块

图 2-48　上传素材文件

步骤08 单击页面右侧"变清晰"按钮，图片经过智能去噪和优化纹理细节处理后，清晰度有了显著的提升，如图2-49所示。

图 2-49　单击"变清晰"按钮

步骤09 单击页面右侧"智能抠图"按钮，抠图完成后主体与背景自动分离，生成主体的PNG图片，如图2-50所示，单击"下载"按钮下载图片。

图 2-50　单击"智能抠图"按钮

步骤 10 打开Photoshop CS6软件，导入抠好的图像素材，按【Ctrl+T】组合键调出变换框，调整图像素材的大小和位置，如图2-51所示。打开"标签"素材文件，使用矩形选框工具选取装饰素材，然后使用移动工具 把图像素材拖至文件窗口中，如图2-52所示。

图 2-51　添加素材文件

图 2-52　添加装饰素材

步骤 11 采用同样的方法添加另外两款产品，即可完成家电店铺页面的制作，最终效果如图2-53所示。

图 2-53　家电店铺页面最终效果

项目实训

打开"素材文件 \ 项目二 \ 项目实训"文件夹，利用提供的素材文件为某饰品店铺进行首页配色设计，效果如图 2-54 所示。

项目实训

图 2-54　某饰品店铺首页

操作提示：使用横排文字工具在全屏轮播区输入促销文案；使用椭圆工具绘制装饰图形，并设置图层样式、制作"投影"效果；使用矩形工具制作"点击购买"按钮；使用百度 AI 图片助手抠取商品素材。

项目三
店铺品牌视觉设计

➡️ **知识目标**

- 掌握店标的设计形态与设计技巧。
- 掌握不同风格店标设计的方法。
- 掌握产品包装视觉设计的基本要素。
- 掌握产品包装视觉设计的流程与方法。

➡️ **能力目标**

- 能够使用 Photoshop CS6 软件设计不同风格的店标。
- 能够使用 Photoshop CS6 软件进行产品包装视觉设计。

➡️ **素养目标**

- 激发想象力，用抽象思维提升视觉设计效果。
- 树立系统思维和整体性思维，使视觉设计具备统一性。

在电子商务视觉设计中，店铺品牌视觉设计至关重要，因为它不仅是品牌身份的直接体现，还是与消费者建立情感连接的关键桥梁。店标是店铺品牌的视觉象征，是消费者识别和记忆品牌的首要元素。一个独特且设计精良的店标能够在众多店铺中脱颖而出，帮助消费者快速识别并记住品牌，提升消费者对品牌的忠诚度。而产品包装视觉设计则是品牌推广的关键一环，色彩、图形和文字等元素的巧妙融合，能够展现产品的独特魅力与品牌理念。

任务一 店标视觉设计

店标作为店铺品牌的视觉核心，需要简洁、独特且富有辨识性，从而成为店铺品牌与消费者之间无声的交流语言。

↘ 一、店标的设计形态

店标的设计形态可以分为以下几种。

1. 中文文字型店标

中文文字型店标由中文文字单独构成，适用于多种传播方式，其最大的优点是一目了然，既好辨识也好记忆。因为消费者对中文文字的接受度较高，所以这种店标更容易被接受如图3-1所示。

图3-1 中文文字型店标

在设计中文文字型店标时，要特别注意文字的精简和信息的传达，因为店标的尺寸有限，所以文字要足够醒目，且不要包含太多的文字信息，否则会让店标的传播效果大打折扣。

2. 非中文文字型店标

非中文文字型店标也能给人留下深刻的印象，但其内涵并不会第一时间被消费者理解，我们可以将其看作一个符号，如图3-2所示。

图3-2 非中文文字型店标

在设计非中文文字型店标时，设计人员特别要注意店铺所售商品的类型和风格是否和店标带给人的感觉相符。此外，因为非中文文字型店标不易被消费者理解，所以设计人员可以使用视觉冲击力较强的对比配色，如黑白配色、黑白红配色。

3. 组合型店标

组合型店标可以让消费者产生一种中外结合、全球化的感觉。在表达形式上，非中文文字的部分设计感较强，视觉冲击力较强，形式多种多样，如图3-3所示。

在设计组合型店标时，如果非中文文字部分比较简单，那么它本身就有较强的视觉冲击力，可以模仿图3-3中店标的形式进行设计；如果非中文文字部分比较长、比较复杂，那么可以把中文文字部分设计得比较有视觉冲击力。

图3-3 组合型店标

4. 图片型店标

图片型店标是一种主要由图片元素构成的店铺标识，它并不依赖于文字来传达店铺的核心信息。在图 3-4 中，3 张图片均为女装店铺的店标，店标中几乎没有文字。这类店标通过其直观的视觉形象，能够生动地展现店铺的风格与特色，给予消费者强烈的视觉感受。然而，它们也存在一定的局限性：消费者如果不结合店名来看，往往不会记得这是什么店铺。相较于包含文字的店标，图片型店标在传达具体的产品信息或者服务细节方面存在一定的劣势。

图 3-4　图片型店标

5. 图文结合型店标

图文结合型店标采用图形与文字相结合的形式，让人一目了然，如图 3-5 所示。这种店标既具有图形的视觉冲击力，又能清楚地传达店铺品牌信息，所以应用非常广泛。

图 3-5　图文结合型店标

总而言之，店标每种设计形态都有其优势和劣势，设计人员可以根据店铺的优势与特征选择合适的店标设计形态。

↘ 二、店标的设计技巧

设计出色的店标能吸引消费者的眼球，进而增加店铺的浏览量。设计人员在设计店标时，可以运用以下技巧。

1. 设计要有造型

在设计店标时，最好使店标有特别的造型。因为店标造型的优劣不仅决定了其传达店铺信息的效力，还会影响到消费者对商品品质的信心与对店铺形象的认同。图 3-6 所示为有造型的食品品牌店标。

图 3-6　有造型的食品品牌店标

2. 设计要有主导性

店标视觉设计是店铺视觉传达的核心要素，也是店铺信息传达的主导力量。店标是店铺经营理念和经营活动的集中表现，不仅具有权威性，还是店铺其他视觉要素的核心。因此，店标设计的前提就是要有主导性。图 3-7 所示为具有主导性的食品品牌店标。

图 3-7　具有主导性的食品品牌店标

3. 设计要有统一性

店标的形象设计需要与店铺的经营理念、文化特色，以及经营的产品相统一，只有这样才能反复加深消费者对店铺的印象。图 3-8 所示为具有统一性的女装品牌店标。

图 3-8　具有统一性的女装品牌店标

4. 设计要有识别性

识别性是店标设计的基本要求。通过整体规划和设计的视觉符号必须具有独特的个性和强烈的冲击力，这样才能让店铺具有较强的竞争力。在企业识别（Corporate Identity，CI）设计中，标志是最具视觉认知、识别信息传达功能的设计要素。图 3-9 所示为具有识别性的食品品牌店标。

图 3-9　具有识别性的食品品牌店标

5. 设计要有时代性

面对发展迅速的电子商务市场及不断变化的市场竞争形势，店铺运营者要适时对店标进行改进，才能使店标与时俱进。图 3-10 所示为具有时代性的咖啡品牌店标。

图 3-10　具有时代性的咖啡品牌店标

6. 设计要有系统性

一旦确定店标的识别设计，随之展开的就是店标设计的精细化工作。其中包括店标与其他基本设计要素的组合规定，目的是对未来店标的应用进行规划，实现系统化、规范化、标准化的科学管理。图 3-11 所示为具有系统性的茶叶品牌店标。

图 3-11　具有系统性的茶叶品牌店标

7. 设计要有延伸性

店标的识别设计是应用最为广泛、出现频率最高的视觉传达要素之一，有时需要在各种传播媒体上广泛应用。店标图形要根据印刷方式、制作工艺技术、材料质地和应用项目的不同采用多种具有对应性和延展性的设计，以达到良好的效果。图 3-12 所示为具有延伸性的数码品牌店标。

图 3-12　具有延伸性的数码品牌店标

三、不同风格的店标设计

在设计店标时，不同的行业和类目针对不同的消费者和不同的营销目的会有一些设计上的共性和个性，下面分别举例说明。

1. 柔美型

对于针对女性的行业和类目，店标设计通常要表现出女性的柔美，如图 3-13 所示。

图 3-13　柔美型店标

为了突出柔美，可以选择能体现圆润感的圆角字体，以及能体现纤细、高挑感的瘦型字体。

在色彩的选择上以能体现女性的柔美的色彩为主，如粉色、红色、紫色。

2. 阳刚型

对于针对男性的行业和类目，店标设计要重点表现男性的阳刚之美，如图 3-14 所示。

图 3-14　阳刚型店标

和柔美型店标相比，阳刚型店标的字体给人的感觉更刚硬一些，字体的棱角很突出，从而体现出较强的力量感。

阳刚型店标多用黑色、白色、灰色，也有使用深蓝色的；偶尔使用大红色和深红色等红色系色彩，但几乎不用玫红色、紫色。

3. 可爱型

对于针对年轻女孩和婴幼儿的行业和类目，店标设计要给人一种可爱的感觉，如图 3-15 所示。

图 3-15　可爱型店标

图 3-15 中针对婴幼儿的店标是后面 3 个，针对儿童和少女的店标是前面两个。它们的区别在于：针对婴幼儿的店标，在图形的设计上多使用简单的线条、明快的色彩、鲜明的对比，动物元素用得较多；针对儿童和少女的店标，在图形的设计上多使用具象的人物形象，多使用粉红色、浅紫色等色彩。

任务二　使用即梦 AI 设计店标案例

下面将结合前面所讲的内容使用即梦 AI 为一个童装店铺设计店标，最终效果如图 3-16 所示。在设计店标前，设计人员首要与客户或领导进行沟通，这是极为重要的，可以大大提高工作效率。在本案例中，店铺名称是"青蛙宝贝"，主营项目是童装，客户希望店标设计可以体现出童装店铺的风格。

使用即梦 AI 设计店标案例

图 3-16　童装店铺店标

步骤 01 打开即梦AI网站首页并登录账号，在页面上方单击"图片生成"按钮，如图3-17所示。

图 3-17　单击"图片生成"按钮

步骤 02 进入"图片生成"页面，在文本框中输入提示词：为一个童装店铺设计店标，主体采用卡通青蛙形象，它有大大的圆眼睛，眼中带高光，脸颊两侧有淡粉色腮红，嘴巴微笑上扬。店铺名称"FROG BABY"和"青蛙宝贝"位于卡通形象的下方居中位置，白色背景，整体设计简约可爱，具有童趣。将"生图模式"设置为"图片2.1"、将"精细度"设置为10、将"图片比例"设置为1：1，然后单击"立即生成"按钮，如图3-18所示。

步骤 03 在生成的4张图片中选择最合适的一张，然后在页面右侧单击"消除笔"按钮✐，如图3-19所示。

图 3-18　设置生成参数

图 3-19　单击"消除笔"按钮

步骤 04 在弹出的"消除笔"界面，拖动鼠标指针对需要消除的区域进行涂抹，然后单击"立即生成"按钮，如图3-20所示。

步骤 05 生成完成后，可以看到图片中的瑕疵已被消除，然后单击"HD超清"按钮，如图3-21所示。至此，该童装店标设计完成。

图 3-20 去除瑕疵　　　　　　图 3-21 单击"HD 超清"按钮

任务三　产品包装视觉设计

产品包装不仅是产品的保护层，还是企业与消费者沟通的重要媒介，通过产品包装视觉设计能够传达产品信息、品牌形象及企业文化。

↘ 一、产品包装的分类

产品包装形态丰富多样，其分类依据既多元又灵活。为了更清晰地理解这些包装，我们可以从包装的内容和样式两个核心维度来进行分类。

1. 按包装内容分类

产品包装按包装内容的不同，可以分为日用品类、化妆品类、医药类、食品类、文体类、工艺品类、机械电子产品类、化学品类、五金类、纺织品类、玩具类等，部分产品包装如图 3-22 所示。

化妆品类包装

工艺品类包装

食品类包装

五金类包装

图 3-22 部分产品包装

2. 按包装样式分类

产品包装也可以按包装样式分类，即根据包装的形状、结构和开启方式等因素进行分类。

（1）纸盒包装

纸盒包装由纸板或卡纸制成，可以定制印刷图案，被广泛应用于食品、化妆品、药品等领域。特别是在化妆品领域，精致的化妆品套装常以纸盒包装为首选，如图3-23所示。

（2）软性包装

软性包装通常由柔软的材料如塑料薄膜、纸张复合材料制成，轻便易携，适用于食品、饮料、洗漱用品等。

（3）金属罐包装

金属罐包装主要由铝或钢铁制成，具有良好的保鲜和防潮性能，广泛应用于咖啡、茶叶、坚果、宠物食品等易受潮、需保持新鲜度的产品，如图3-24所示。

图3-23 纸盒包装　　　　图3-24 金属罐包装

（4）塑料容器包装

塑料容器包装由聚乙烯（Polyethylene，PE）、聚丙烯（Polypropylene，PP）等材料制成，坚固且透明，常用于食品、饮料、化妆品等，如图3-25所示。

（5）玻璃瓶包装

玻璃瓶包装具有高透明度和化学稳定性，是存储液体及固体产品的理想选择。高透明度的特性使玻璃容器包装能够清晰展示产品内在质量，增强消费者的视觉体验与信任感。因此，玻璃瓶包装常被应用于高端产品的封装，不仅能够有效地保护产品，还赋予了产品尊贵、典雅的视觉形象，提升了产品的整体价值与市场定位，如图3-26所示。

图3-25 塑料容器包装　　　　图3-26 玻璃瓶包装

↘ 二、产品包装视觉设计的基本要素

色彩、图形、文字是产品包装视觉设计的 3 个基本要素。这些要素在产品包装视觉设计领域扮演着不可或缺的角色，它们的合理运用对于提升产品包装视觉吸引力、传达品牌理念及促进销售转化具有至关重要的作用。

1. 产品包装的色彩设计

色彩具有极强的表现力，它能通过不同的色相、明度、纯度等属性，营造出丰富的视觉效果和情感体验。在产品包装视觉设计中，色彩的运用不仅关乎产品的美观性，更关乎产品市场定位的精准、目标消费者的明确及品牌理念的传达。

图 3-27　采用暖色调的饮品类包装

例如，很多饮品类包装经常采用暖色调，如热情洋溢的红色与充满活力的黄色，这些暖色调可以在瞬间吸引消费者的目光，强调饮品的新鲜度与营养价值，激发消费者的购买欲望，如图 3-27 所示。相反，传达"健康、轻食"理念的饮品类包装，则更倾向于采用冷色调或自然色系，如宁静的蓝色、清新的绿色，以及淡雅的白色，如图 3-28 所示。这些色调能够营造出一种清爽、纯净的氛围，强调饮品的天然成分与低负担特性，吸引那些注重健康、追求生活品质的消费者。

图 3-28　采用冷色调的饮品类包装

色彩的产品属性是在设计人员与消费者基于主观感知与客观规律的无声交流中悄然形成的。它如同一座隐形的桥梁，将设计人员的创意与消费者的情感需求紧密地连接在一起。在这一过程中，色彩不仅仅是视觉上的点缀，更是产品内在特质与外在形象的无缝融合，也是产品无言的"代言人"，深刻揭示了产品的独特魅力与核心价值。

在图 3-29 所示的铜锣烧包装中，设计人员巧妙地运用了 4 种不同的卡通形象和色彩，每一种组合都对应着一种口味，共同构成了一组生动有趣、特色鲜明的画面。这种创新的设计风格不仅增添了包装的趣味性与互动性，还展现出了极强的灵活性与扩展性，为不同口味铜锣烧的包装提供了丰富的创意空间，进一步强化了铜锣烧的市场竞争力与吸引力。

图 3-29　铜锣烧包装

2. 产品包装的图形设计

图形作为产品包装视觉设计的核心视觉元素之一，承载着直观且高效地传达产品信息的关键使命。其设计手法多样，各具特色，深刻影响着消费者对产品的第一印象与情感共鸣。

具象图形设计作为图形设计的重要分支，力求通过写实绘画、专业摄影等手法，精准捕捉并再现产品的真实形态与细节。这类图形凭借其高度的真实性与直观性，能够迅速建立产品与消费者之间的信任桥梁，让消费者有亲眼见到产品之感，从而加深消费者对产品的认知与记忆。在食品、化妆品等强调产品质感与外观的领域，具象图形的应用尤为广泛且有效。

在图 3-30 所示的剁椒牛肉酱包装中，设计人员采用牛肉酱的高清照片作为核心视觉元素。这样的具象图形不仅真实展示了剁椒牛肉酱的新鲜与美味，还通过视觉上的冲击力激发了消费者的食欲和购买欲望。

抽象图形设计则体现了图形设计的另一方面——创新与想象，它摒弃了对现实影像的直接复制，转而以点、线、面等基本元素为语言，通过巧妙的组合与排列，创造出富有现代感与艺术氛围的视觉效果。

在产品包装视觉设计中，抽象图形不仅能够赋予产品独特的视觉识别度，还能激发消费者的好奇心与想象力，引导其深入探索产品背后的故事与理念。在科技产品、高端奢侈品等追求个性与品位的领域，抽象图形的价值尤为凸显，如图 3-31 所示。

图 3-30　运用具象图形的产品包装

图 3-31　运用抽象图形的产品包装

3. 产品包装的文字设计

文字是产品包装视觉设计中不可或缺的部分，能够直接传达产品名称、品牌、成分、使用说明等信息。在产品包装视觉设计的整体情境下，文字设计不是对产品信息的简单堆砌，而是一种可读性、美观性与品牌一致性高度统一的艺术实践。

（1）可读性

在快速消费的市场环境中，消费者往往需要在短时间内捕捉到产品的关键信息。因此，文字设计需要确保文字在不同光线条件、阅读距离及视觉干扰下，依然清晰易读。这要求设计人员在字体选择、字号大小的调整、字间距与行间距的调整上精心考量，以确保信息的有效传达。

（2）美观性

优美的文字设计能够吸引消费者的眼球，提升产品的整体质感与档次。设计人员可以通过运用创意字体、色彩搭配、排版布局等方法，打造文字元素的美感，使产品包装成为一件具有审美价值的艺术品。图 3-32 所示为苏打水包装，其中的文字非常美观。

（3）品牌一致性

在品牌多元化的今天，保持品牌形象的统一性和辨识度至关重要。文字设计应紧密围绕品牌的核心价值、视觉风格及市场定位来展开，以确保在不同产品、不同渠道的产品包装中，文字元素能够呈现出一致的品牌形象。这有助于加深消费者对品牌的记忆与认同，提升品牌的整体竞争力。在图 3-33 所示的元气森林包装中，"气"字始终占据显眼位置，并采用独特的字体，提升了品牌识别度。

图 3-32　具有美观性的产品包装　　图 3-33　具有品牌一致性的产品包装

任务四　产品包装视觉设计案例

下面将结合前面所讲的内容为一款蜂蜜柚子茶设计包装，如图 3-34 所示，设计内容包括视觉元素、产品信息和营养成分表等，要求设计的包装能够清晰、准确地展示产品名称、品牌标识、成分说明、生产日期、保质期、生产厂商等关键信息，让消费者能够迅速获取产品信息，操作过程如下。

产品包装视觉设计案例

图 3-34　蜂蜜柚子茶包装

步骤 01 运行Photoshop CS6软件，选择"文件"|"新建"命令，在弹出的"新建"对话框中设置各项参数，然后单击"确定"按钮，如图3-35所示。

步骤 02 选择"视图"|"新建参考线"命令，在弹出的对话框中将垂直参考线的位置分别设置为7厘米和14厘米，然后单击"确定"按钮，如图3-36所示。

图 3-35　新建文档　　　　　　　图 3-36　新建参考线

步骤 03 在浏览器中打开"百度AI图片助手"页面，单击"上传图片"按钮，打开"可爱"素材文件，单击页面右侧"变清晰"按钮，如图3-37所示。

图 3-37　单击"变清晰"按钮

步骤 04 单击页面右侧"智能抠图"按钮，选择"智能选区"工具，在需要保留的区域单击进行选取，然后单击"立即抠图"按钮，如图3-38所示。抠图完成后，单击"下载"按钮下载图片。

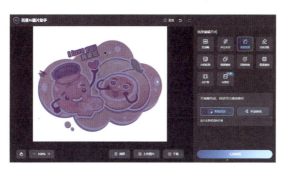

图 3-38　单击"智能抠图"按钮

步骤 05 打开Photoshop CS6软件，选择矩形工具 ▦，在工具属性栏中将填充色设置为RGB（179、210、54），绘制一个矩形作为背景，然后打开"可爱"和"柚子"素材文件，将其拖入图像窗口中，将"柚子"图层的"不透明度"设置为"5%"，如图3-39所示。

图 3-39 添加素材文件并设置相应参数

步骤 06 选择横排文字工具 T，输入相应的文字，在"字符"面板中设置各项参数，其中将颜色分别设置为RGB（245、198、67）和RGB（179、210、54），如图3-40所示。

图 3-40 输入文字并设置各项参数

步骤 07 单击"图层"面板下方的"添加图层样式"按钮 **fx**，在弹出的下拉菜单中选择"描边"选项，弹出"图层样式"对话框，设置各项参数，其中将颜色设置为RGB（73、13、14），然后单击"确定"按钮，如图3-41所示。

步骤 08 采用同样的方法，为其他文字添加"描边"图层样式。选择矩形工具 ▦，继续绘制一个矩形，然后打开"Logo"素材文件，将其拖入图像窗口中，效果如图3-42所示。

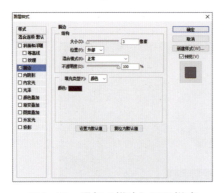

图 3-41 添加"描边"图层样式　　　图 3-42 添加 Logo

步骤 09 按【Ctrl+J】组合键复制"柚子"图层，按【Ctrl+T】组合键调出变换框调整图像的大小和位置，如图3-43所示。

图 3-43 复制图层并调整图像

步骤 10 选择横排文字工具 T，输入详细的产品信息，在"字符"面板中设置各项参数，如图3-44所示。

图 3-44 输入文字并设置各项参数

步骤 11 选择矩形工具 ，在包装右侧绘制一个矩形，然后选择直线工具 ，在工具属性栏中将填充颜色设置为黑色，将"粗细"设置为"2像素"，绘制一条直线，如图3-45所示。

图 3-45 绘制营养成分表边框

步骤 12 选择横排文字工具 T，输入营养成分表信息，在"字符"面板中设置各项参数，如图3-46所示。

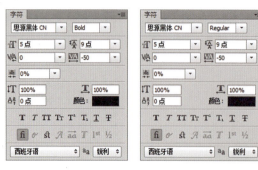

项目	每100克(g)	营养素参考值%
能量	970千焦(kJ)	12%
蛋白质	0.0克(g)	0%
脂肪	0.0克(g)	0%
碳水化合物	57.1克(g)	19%
钠	36毫克(mg)	2%

图 3-46　输入营养成分表信息

步骤 13 选择矩形工具，绘制一个白色矩形，然后打开"条形码"素材文件，将其拖入图像窗口中，最终效果如图3-47所示。

图 3-47　最终效果图

项目实训

打开"素材文件\项目三\项目实训"文件夹，利用其中的素材文件为一款罐装乌龙茶设计包装，效果如图3-48所示。

项目实训

图 3-48　罐装乌龙茶包装

操作提示：使用百度AI图片助手抠取素材；使用横排文字工具和直排文字工具输入文案，并设置图层样式，添加"渐变叠加"效果；使用矩形工具绘制产品信息区背景。

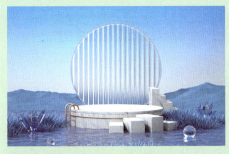 

项目四
店铺首页视觉设计

➡ 知识目标

- 了解店铺首页视觉设计评价的四大指标。
- 掌握店招视觉设计规范及技巧。
- 掌握全屏轮播区视觉设计的技巧。
- 掌握商品陈列区视觉设计的技巧。

➡ 能力目标

- 能够进行店招视觉设计。
- 能够进行全屏轮播区视觉设计。
- 能够进行商品陈列区视觉设计。

➡ 素养目标

- 把握适度原则，避免设计过于华丽。
- 弘扬并践行工匠精神，在设计时精益求精。

　　店铺首页是网店的门面，它的主要作用是向消费者展示店铺整体形象，通过视觉、氛围、商品和服务的综合展示让消费者对品牌有初步的了解和认知。店铺首页设计得是否得当直接关系到商品能否转化，因此设计人员在进行店铺首页视觉设计时要尽可能聚焦消费者的注意力。

任务一 店铺首页视觉设计评价的四大指标

评价店铺首页视觉设计的指标主要有 4 个，分别是首页跳失率、首页点击率、首页人均点击次数和首页平均停留时间。

一、首页跳失率

首页跳失率是消费者通过某种渠道进入店铺，只访问了店铺首页就离开的访问次数占该渠道总访问次数的比例。电子商务运营人员需要随时观测店铺的各项数据，并根据数据变化情况对店铺首页进行优化与调整。

以淘宝店铺为例，店铺的规模和所售商品类型不同，可以参照的判断标准也不同：如果是星级店铺，那么首页跳失率在 70% 及以下都属于正常情况，不需要进行优化与调整；如果是钻级店铺，那么首页跳失率在 60% 以上时就需要根据具体的数据做出相应的优化与调整。

消费者进入淘宝店铺首页的渠道大致可以分为 4 种，如图 4-1 所示。

图 4-1　消费者进入淘宝店铺首页的渠道

从淘宝首页搜索店铺进入店铺首页、从收藏夹中进入店铺首页和从已经购买商品页面进入店铺首页的消费者一般都属于老客户，不易跳失。而通过搜索关键词进入店铺首页的消费者为选择性进入的客户，容易跳失。

二、首页点击率

首页点击率是商品在首页展现后的被点击比率，即首页点击率 = 首页点击量 ÷ 首页展现量 ×100%。通过首页点击率可以看出店铺推广的商品是否吸引人：首页点击率越高，说明商品对于消费者的吸引力越高；首页点击率越低，表示商品对于消费者的吸引力越低。

店铺首页具有导流和分流的重要作用，不同类型消费者的关注点和需求点也不同，因此店铺首页前三屏的设计就显得非常重要。

店铺首页的排版方式大致可以分为两类：一类是在店铺首页罗列出各种光彩夺目的商品，希望有一款商品能够吸引消费者；另一类是店铺首页没有单品展示，主要以商品海报的形式进行引导，如图4-2所示。

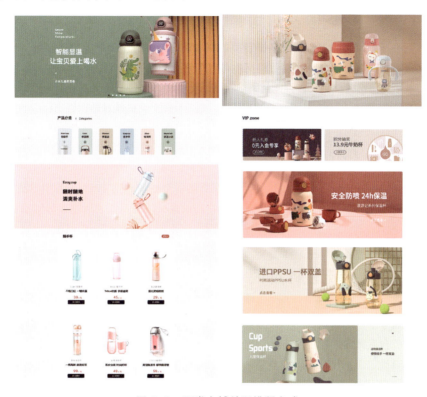

图4-2　两类店铺首页排版方式

↘ 三、首页人均点击次数

首页人均点击次数是反映在一段时间内人均点击了多少次首页的指标。假设某日店铺首页的访客数为150人，店铺首页的总点击数为600次，那么首页人均点击次数为：600次÷150人=4次/人。图4-3展现的是某店铺在某个时间段内的首页人均点击次数变化趋势。

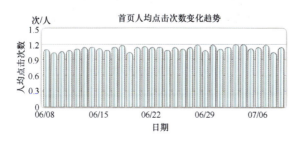

图4-3　首页人均点击次数变化趋势

　　首页人均点击次数可以用来评估访客黏性，如果店铺首页做得很差，让访客进入后不知所措，找不到想要的商品，那么访客自然会离开。运营人员要根据首页人均点击次数来优化店铺首页，美化海报或商品图片，从而有效引导访客。

↘ 四、首页平均停留时间

　　首页平均停留时间等于访问店铺首页的所有访客总的停留时间除以访客数，和首页人均点击次数一样，首页平均停留时间也可以用来判断店铺首页是否能留住访客。

　　首页平均停留时间越长，说明店铺的留客工作做得越到位。如果首页平均停留时间很短，设计人员就要反思自己的设计，找出问题，然后根据后台的统计数据做出相应的调整。

任务二　店招视觉设计

　　同实体店一样，网店也有店招。店招位于店铺首页的顶端，用于指示和引导消费者，展示店铺的名称、最新活动与销售内容等一系列信息。店招是消费者进入店铺后看到的第一个模块，也是打造店铺品牌、让消费者瞬间记住店铺的重要阵地，因此设计人员要重点做好店招视觉设计。

↘ 一、店招视觉设计规范

　　店招通常由店铺 Logo、店铺名称、宣传语、导航条、促销信息等几个部分组成。不同的电子商务平台对店招的图片尺寸要求不同，下面以淘宝为例来介绍店招视觉设计规范。淘宝后台默认的店招高度（除导航条外）为 120 像素，如图 4-4 所示，建议设计自定义店招时设定店招尺寸（除导航条外）为 950 像素 ×120 像素，加上导航条（高度为30 像素），整体高度为 150 像素。

图 4-4　淘宝店招设置页面

　　店招的首要功能就是清晰地展示店铺名称。在店招上可以添加品牌宣传语、近期的打折促销信息、关注按钮等元素，力求利用有限的空间传递出更多的信息，以刺激消费者的购买欲望。需要注意的是，这些元素最好不要超过 3 个，因为足够的留白空间有利于突出视觉重点，如图 4-5 所示。

图 4-5　店招元素设计

为了树立店铺品牌形象，提升店铺的档次，在设计店招时要注意风格的统一，利用色彩、装饰元素与风格的相似性来营造视觉上的一致性，打造出独特的店铺装修风格，让消费者在浏览店铺的短暂时间内能对店铺产生良好的印象，如图 4-6 所示。

图 4-6　店招和导航条风格统一

二、店铺名称的艺术化处理

为了让店招中的店铺名称给消费者留下深刻的印象，需要对店铺名称进行艺术化处理。下面介绍几种常用的处理方法。

1. 用不同字体和字号的组合营造艺术感

虽然有的店铺会在店招中添加设计好的店铺徽标来代替店铺名称，但是文字仍是店铺名称最主要的表现形式。因此，可以通过不同字体和字号的组合来美化店铺名称，从而赋予店铺名称一定的艺术感，如图 4-7 所示。

图 4-7　不同字体和字号的组合

2. 添加特效，突出特殊性和醒目度

为了让店招更加美观，设计时可以为店招添加合适的背景，但这样一来店招中店铺名称的表现力往往会被削弱。因此，可以通过添加特效的方式来突出店铺名称的特殊性和醒目度，这些特效包括渐变、阴影、浮雕与发光等，如图 4-8 所示。

为了将店铺名称与导航条的颜色区分开，使用了渐变效果来修饰店铺名称，营造出层次感
御泥坊
天猫
年货合家欢
年货合家欢
所有宝贝
热卖榜单

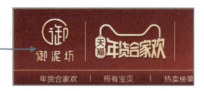

图 4-8　为店铺名称添加特效

3. 使用修饰元素提升观赏性

有时只采用单一的文字组合并不能真正表现出店铺的风格和设计的精致感。因此，将店铺名称与合理的修饰元素进行融合设计，以完善、隐喻或暗示某种信息，可以让店铺名称的设计更加个性化，如图 4-9 所示。

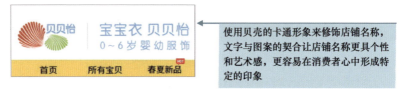

贝贝怡
宝宝衣 贝贝怡
0～6 岁婴幼服饰
首页
所有宝贝
春夏新品
HOT
使用贝壳的卡通形象来修饰店铺名称，文字与图案的契合让店铺名称更具个性和艺术感，更容易在消费者心中形成特定的印象

图 4-9　为店铺名称添加修饰元素

这是 3 种方法中最有效、最复杂的一种，使用这种方法需要设计人员具有清晰的设计思路、敏锐的观察力和一定的设计经验。

↘ 三、图层样式的应用

图层样式是图像处理与网页制作的常用功能之一，在电子商务视觉设计中发挥着重要的作用。在店招导航条部分的制作中就需要应用图层样式，因为电子商务设计后台默认的样式最多允许用户更改导航条的背景颜色，这样的导航条会给人千篇一律的感觉。随着店铺设计的个性化、精致化成为一种潮流，导航条的设计越来越受到设计人员的关注。

应用图层样式的作用就是对设计元素进行修饰和美化，营造色彩、质感与光泽上的变化。质感强烈、层次清晰的导航条不但可以提升整个店铺首页的档次，而且能让店铺首页更具吸引力，使消费者更乐意去点击。下面通过图 4-10 所示的设计案例分析图层样式在导航条制作中的应用。

图 4-10 中的导航条外观与大部分导航条类似，不同的是这两个导航条更有立体感。这些特殊效果都是利用图层样式来实现的，可见图层样式在导航条制作中的重要性。

添加图层样式不仅可以使原本单一的色彩变得绚丽，为设计元素添加内阴影、外发光等特殊的光泽效果，还可以营造立体浮雕、图案纹理等特殊效果。需要注意的是，导航条的设计风格应当和店招乃至整个店铺首页的装修风格一致，设计人员不能一味地追求华丽而让导航条显得突兀、不协调。

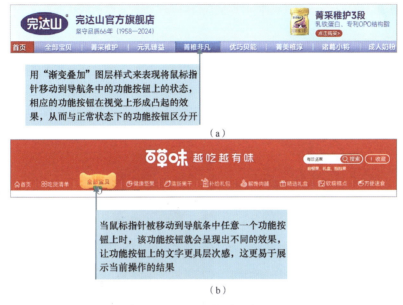

（a）

（b）

图4-10 图层样式的应用

任务三 全屏轮播区视觉设计

店招的下方就是店铺首页的全屏轮播区，这个模块占据的面积较大，可以展示大量信息，也是整个店铺首页中最醒目的部分。下面介绍全屏轮播区视觉设计的技巧。

一、聚焦消费者的视线

打开店铺首页后最醒目的区域是店铺首页的第一屏，即全屏轮播区，如图4-11所示。在全屏轮播区的商品图片展示模块中，在开端位置放置单张图片可以在一定程度上聚焦消费者的视线，让其有继续浏览页面的兴趣。

图4-11 全屏轮播区

如果全屏轮播区能够首先抓住消费者的眼球，就会大大提升其继续浏览店铺页面的可能性。相较于在全屏轮播区使用大量文字的设计，图文结合的设计更符合消费者追求轻松的阅读与购物体验的心理。同时，呈现消费者最渴望看到的信息也是这个区域设计的重点。

如果在全屏轮播区安排了以文字为主要表现形式的店铺介绍模块，消费者或许不会阅读这些信息，因为过多的文字会让他们失去浏览的耐心，而且消费者在进入店铺后迫切想要了解的是商品信息而非店铺介绍，这样的内容安排与表现形式并不足以在第一时间聚焦消费者的视线。相反，图 4-12 所示的全屏轮播区的内容安排与表现形式能让消费者有进一步浏览店铺的欲望。

图 4-12　全屏轮播区的内容安排与表现形式

二、全屏轮播区设计三要素

全屏轮播区基本上由 3 个要素组成：完整、精致的商品形象，唯美、绚丽的背景，以及精心编排的文字，如图 4-13 所示。

图 4-13　全屏轮播区设计三要素

全屏轮播的背景要与商品形象保持一致的风格，或者能够烘托出某种特定的气氛。图 4-14 所示分别为以节日为主题和以店铺活动为主题的背景。

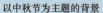

图 4-14　不同主题的背景

全屏轮播区中的商品形象是商品给消费者的"初印象"，直接关系到商品转化率的高低。色彩得当、画质清晰的商品图能够树立良好的商品形象，因此全屏轮播区中的商品图要经过色调和光影处理，这样才能真实再现商品的色彩和品质。

处理前后的商品形象对比如图 4-15 所示，从中可以看出处理后的商品形象更能打动人心。

图 4-15　处理前后的商品形象对比

文字是全屏轮播区中不可或缺的重要元素，很多不能用图片表达的信息都需要通过文字来传达，如活动的内容、商品的名称、商品的价格等。因此，艺术化的文字编排在全屏轮播区中显得尤为重要。

几种不同风格的全屏轮播区的文字编排效果如图 4-16 所示，从中可以看出文字的字体与字号、色彩的变化等都是设计中较为关键的元素。

图 4-16　几种不同风格的全屏轮播区的文字编排效果

↘ 三、使用可灵AI生成全屏轮播区背景图案例

本案例主要介绍如何使用可灵 AI 生成一张端午节全屏轮播区背景图，最终效果如图 4-17 所示。背景图以中国传统山水画风格为基调，运用了柔和的青绿色调，再搭配青山、竹叶、粽子、红日等与端午节主题相契合的元素，营造出一个既符合节日氛围又具有视觉吸引力的背景环境。

使用可灵 AI 生成全屏轮播区背景图案例

图 4-17　端午节全屏轮播区背景图

步骤 01 打开可灵AI网站首页并登录账号，在页面左侧单击"AI图片"按钮，如图4-18所示。

图 4-18　单击"AI图片"按钮

步骤 02 进入"AI图片"页面，在上方下拉列表框中选择"可图1.0"选项，在"创意描述"文本框中输入提示词：生成一张端午节促销活动背景图，画面主体是连绵的青山，山峦层次分明，呈青绿色，山间有薄雾缭绕。在画面的前景，有几片绿色的竹叶随风飘动；在画面的右下角，放置一些绿色的粽子，粽子用粽叶包裹，绳子捆绑；在画面的左上角，有一个红色的太阳，光芒柔和；天空中有几只黑色的飞鸟，增添画面的生动感。采用中国风风格，整个画面色彩搭配和谐，以绿色和浅蓝色为主色调，给人一种宁静、自然的感觉。将"图片比例"设置为16：9，然后单击"上传参考图"按钮 ，

上传"参考图"素材，如图4-19所示。

步骤 03 在弹出的"参考图上传"对话框中选择"通用垫图"选项，然后单击"确认"按钮，如图4-20所示。

图 4-19　设置生成参数　　　　　图 4-20　选择"通用垫图"选项

步骤 04 单击"立即生成"按钮，在生成的4张图片中选择最合适的一张，然后单击"画质增强"按钮，如图4-21所示。

图 4-21　单击"画质增强"按钮

步骤 05 生成完成后，可以看到图片在细节上更加锐利、清晰，物体边缘更加平滑，然后单击"下载"按钮，即可下载图片，如图4-22所示。

图 4-22　下载图片

任务四　商品陈列区视觉设计

在设计店铺首页时，除了店招和全屏轮播区外，大部分店铺都会使用商品陈列区来展示商品，让消费者进一步了解店铺中商品的形象和价格。商品陈列区也是一个比较重要且面积较大的区域。下面对商品陈列区视觉设计进行介绍。

↘ 一、营造视觉动线

许多设计人员习惯将商品展示图片整齐划一地排列在店铺首页，如图 4-23 所示。之所以选择这种方式，是因为与杂乱无章地摆放的商品相比，消费者更愿意看到整齐排列的商品。

虽然整齐划一确实是一种较为保险与传统的布局方式，设计简单、方便，但设计人员在使用该布局方式时还是需要注意一些事项。

通常情况下，人们已经习惯了从左向右、从上到下的阅读模式，这样的习惯也适用于浏览网页。与阅读书籍不同的是，互联网用户习惯于以快速扫描、捕捉关键点的方式浏览网页。

图 4-23　商品展示图片

这一浏览习惯影响了消费者对店铺首页商品展示图片的观感。如果在店铺首页放置过多的商品展示图片，使其如同密密麻麻的文字一般，就会让消费者失去浏览的耐心，进而导致 F 形浏览模式的形成，如图 4-24 所示。

① **浏览初期，视线水平移动，且水平浏览范围最大。** 刚开始浏览时，消费者对图片充满了新鲜感和好奇，很可能将第一排图片全部浏览完毕，并根据从上到下的浏览习惯转向对第二排图片的浏览

② **水平浏览范围缩小。** 此时图片的布局没有任何变化，消费者感知到的图片的新鲜度就会降低，消费者开始失去浏览的耐心，于是对第二排图片的水平浏览范围便会缩小

③ **失去耐心，开始进行垂直浏览。** 消费者看到第三排的图片布局仍然没有变化后，浏览的耐心就会进一步减少，他们还可能会想图片怎么这么多，于是形成对左边图片的垂直浏览

图 4-24　F 形浏览模式

F 形浏览模式是由美国长期研究网站可用性的网站设计师杰柯柏·尼尔森在其发表的《眼球轨迹的研究》报告中提出的，他认为大多数情况下浏览者受浏览经验与习惯的影响，都会不由自主地以 F 形浏览模式浏览网页。

因此，在进行商品展示图片的排列时，首先要确保整齐，然后还要注意图片不宜过多，横排图片最好不超过 5 张，避免让消费者在浏览时感到压力并产生疲倦感。

除此之外，通过灵活多变的排列方式营造一定的视觉动线，也能减少过于死板的排列组合带来的枯燥与乏味感，如图 4-25 所示。

在图 4-25 中，商品陈列区的布局打破了横排图片以固定的数量单一摆放的形式，灵活的排列组合形成了视觉动线，不仅能够缓解消费者在浏览时的枯燥感，让消费者更多地注意到商品展示图片，还让商品的展示有了主次关系——主要的商品被放在顶端且展示面积较大，次要的商品靠后展示且展示面积较小。此外，中部插入的单张图片可以降低消费者眼球左右移动的频率，从而适当缓解消费者的视觉疲劳。

这种商品展示图片的布局方式巩固了消费者对于前面所看到的商品展示内容的记忆，既能让消费者获得较为轻松的浏览体验，又能持续聚焦消费者的注意力。

在互联网时代，消费者形成了互联网行为模式，他们青睐快速、轻便的阅读体验，所以设计人员在进行电子商务视觉设计时也要尽可能地为消费者营造相应的阅读环境。同时，设计人员还要明白并不是商品信息展示得越多，售出商品的可能性就越大，如果这些商品信息不被消费者关注，那么展示得再多也是徒劳的。尽可能地让消费者看到所展示的商品，并聚焦他们的注意力，从而提高所展示商品信息的转化率，才是电子商务视觉设计要达到的真正目的。

单张商品展示图片：将重点推荐的商品以单张图片的形式呈现，能很好地让消费者注意到商品信息

多张商品展示图片：非重点推荐的商品展示数量可依据页面宽度与商品展示图片尺寸灵活调整，常见布局为每行展示2张、3张或4张图片

图 4-25　营造视觉动线的设计

↘ 二、商品布局艺术化

商品图片的布局是影响商品陈列区整个版式的关键，也是确立整个店铺首页风格的关键。为了吸引消费者的眼球，设计人员可以根据商品的功能、外形特点、设计风格来对商品陈列区进行精心的规划与设计，将店铺中的商品艺术化地展现出来。

常见的商品陈列区布局方式有折线型布局和随意型布局两种。下面分别介绍这两种布局方式的特点。

1. 折线型布局

折线型布局就是将商品展示图片按照错位的方式进行排列，如图 4-26 所示，这样可以让消费者的视线沿着商品展示图片进行折线型移动。这样的布局方式可以给人一种清爽、利落的感觉，具有韵律感。

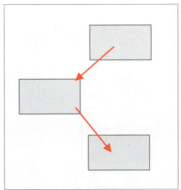

图 4-26　折线型布局

2. 随意型布局

随意型布局就是将商品展示图片随意地放置在页面中，如图 4-27 所示。随意型布局往往需要营造出一种特定的氛围和感觉，让不同的商品展示图片之间产生某种联系，否则部分商品展示图片会显得突兀。随意型布局在女装的搭配、组合销售中使用得较多，是一种灵活性较强的布局方式。

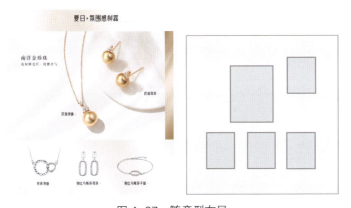

图 4-27　随意型布局

任务五　零食店铺首页视觉设计案例

本案例将主要介绍如何为零食店铺设计首页，如图 4-28 所示。该店铺首页以橙色为主色，橙色不仅醒目，还能激发人们的热情和购买欲望。在辅色方面，红色主要用于展示文字，能够有效增强信息的层次感；金色则用于背景，使页面整体既整洁又便于阅读。

零食店铺首
页视觉设计
案例

标题文字的字号较大，"渐变叠加"和"投影"效果的点缀使其更加精致

风格一致的文字与图片，清晰地将商品进行分类，便于消费者快速找到感兴趣的商品

采用圆角矩形作为点缀，使商品的排列既整齐又不死板，提升其观赏性和设计感

通过不同颜色和大小的文字、图片、按钮等元素，构建了清晰的视觉层次，使页面信息有序呈现，便于消费者快速获取关键信息

图4-28　零食店铺首页视觉设计

步骤 01 运行Photoshop CS6软件，按【Ctrl+N】组合键，在打开的"新建"对话框中设置各项参数，单击"确定"按钮，新建一个图像文件；选择素材库中的背景文件，将其导入图像窗口中，并调整为合适的大小，作为店铺首页的背景；选择"视图"｜"新建参考线"命令，在弹出的对话框中将水平参考线的位置分别设置为120像素和150像素、将垂直参考线的位置分别设置为485像素和1435像素，然后单击"确定"按钮，如图4-29所示。

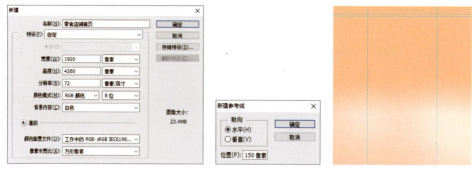

图4-29　制作零食店铺首页的背景

步骤 02 选择矩形工具 ■，绘制两个矩形，作为店招的背景，在其工具属性栏中设置各项参数，其中渐变色为RGB（249、204、163）、RGB（255、252、245）到RGB（249、204、163），如图4-30所示。

图 4-30　制作店招和导航条的背景

步骤 03 选择横排文字工具 **T**，在界面顶部的店招区域输入店铺名称等文字；打开"字符"面板，对文字属性进行设置，其中将文字颜色设置为RGB（205、37、28），通过字体、字号的变化来清晰地展现文字的主次关系，如图4-31所示。

图 4-31　输入文字并设置文字属性

步骤 04 为了让店招更加完整，可以在店招上添加Logo和优惠券图标。选择素材库中制作好的Logo和促销素材，将其移到店招中合适的位置，如图4-32所示。

图 4-32　添加 Logo 和促销素材

步骤 05 选择矩形工具 **■**，绘制一个矩形，作为导航条中的功能按钮，在其工具属性栏中设置各项参数，其中将渐变色设置为RGB（230、89、72）到RGB（204、41、36），如图4-33所示。

图 4-33 制作导航条中的功能按钮

步骤 06 选择横排文字工具 **T**，在导航条的相应位置输入文字，在"字符"面板中设置各项参数，其中将文字颜色设置为 RGB（205、37、28），如图 4-34 所示。至此，店招制作完成。

图 4-34 为导航条添加文字

步骤 07 制作全屏轮播区。从素材库中找出"海报背景"图像素材，把该图像素材移到合适的位置，使用横排文字工具 **T** 输入文字"美食盛宴"，打开"字符"面板，对文字属性进行设置，并设置图层样式，如图 4-35 所示。

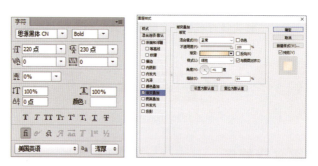

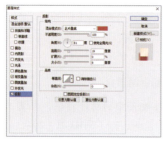

图 4-35 添加图像素材和文字

步骤 08 为了让全屏轮播区显得不太单调，还需要添加主推产品素材。从素材库中导入"礼包"图像素材，把图像素材调整至合适的大小；在"图层"面板中单击"添加图层蒙版"按钮 ，选择画笔工具 ，将前景色设置为黑色，然后在需要隐藏的图像区域进行涂抹，如图4-36所示。

图 4-36　添加图像素材和图层蒙版

步骤 09 使用横排文字工具 **T** 在中间位置输入促销活动文字，打开"字符"面板，对文字属性进行设置，并设置图层样式，如图4-37所示。

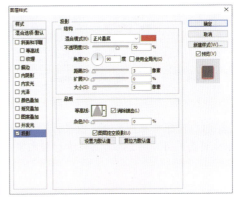

图 4-37　添加文字并设置图层样式

步骤 10 制作产品分类区域。导入"分类"图像素材作为产品分类背景，如图4-38所示。导入"坚果"图像素材，并调整其大小和位置，如图4-39所示。

图 4-38　添加产品分类背景

图 4-39　添加图像素材

步骤 **11** 使用横排文字工具**T**输入分类文字，在"字符"面板中设置各项参数，其中将文字颜色分别设置为RGB（213、48、34）和RGB（255、235、214），如图4-40所示。

图 4-40　添加分类文字

步骤 **12** 选择所有产品分类图层，按【Ctrl+G】组合键将图层编组，然后按【Ctrl+J】组合键复制图层组，添加其他素材和文字，效果如图4-41所示。

图 4-41　添加其他素材和文字

步骤 **13** 制作满额送好礼区域。导入"丝带"素材，然后使用横排文字工具**T**输入标题文字。单击工具属性栏中的"创建文字变形"按钮，在弹出的对话框中设置各项参数，然后单击"确定"按钮，如图4-42所示。

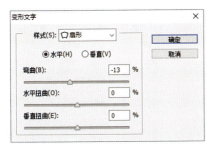

图 4-42　添加标题文字

步骤 ⑭ 单击"图层"面板下方的"添加图层样式"按钮 **fx**，选择"投影"选项，在弹出的"图层样式"对话框中设置各项参数，其中将投影颜色设置为RGB（219、15、40），然后单击"确定"按钮，如图4-43所示。

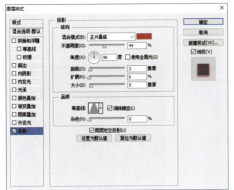

图 4-43　添加图层样式

步骤 ⑮ 导入好礼和礼品素材，将其调整至标题正下方。使用横排文字工具 **T** 输入所需的文字，在"字符"面板中设置各项参数，其中将文字颜色分别设置为RGB（205、52、20）和RGB（46、46、46），如图4-44所示。

图 4-44　添加素材并输入文字、设置文字属性

步骤 ⑯ 采用同样的方法，添加店铺热卖区的背景素材并配上文字，如图4-45所示。

图 4-45　制作店铺热卖区

步骤 17 运行美图秀秀软件，打开"产品 1"素材，在左侧单击"画笔"按钮🖌️，展开"消除笔"选项✂️，拖动滑块调整画笔大小，然后在图片上需要消除的部分进行涂抹，这里在文字上进行涂抹，如图 4-46 所示。涂抹完毕，即可查看消除文字效果，如图 4-47 所示。

图 4-46　使用"消除笔"涂抹

图 4-47　消除文字效果

步骤 18 在左侧单击"抠图"按钮◎，展开"自动选择"选项🔖，单击"商品货物"按钮📦，美图秀秀会自动识别图片中的主体与背景并进行抠图操作，然后单击"应用到背景"按钮，如图 4-48 所示。

图 4-48　使用"抠图"功能进行抠图

步骤 19 在右侧选择"特效"选项卡，然后单击"投影"选项卡右侧的"添加"按钮 + ，拖动滑块调整投影的距离、模糊和角度，如图4-49所示。

图 4-49　添加投影特效

步骤 20 采用同样的方法，继续抠取其他产品素材。打开Photoshop CS6软件，导入抠好的产品素材，即可完成零食店铺首页的最终制作，最终效果如图4-50所示。

图 4-50　最终效果

项目实训

打开"素材文件\项目四\项目实训"文件夹，利用其中的素材文件，为某茶叶店铺设计首页，效果如图 4-51 所示。

项目实训

图 4-51　茶叶店铺首页

操作提示：在店招上添加 Logo、文字和优惠券；使用横排文字工具在全屏轮播区输入促销文字，并设置图层样式；使用美图秀秀软件抠取商品素材；使用横排文字工具输入商品特点、价格等文字，通过圆角矩形工具及图层样式的综合应用，制作出具有设计感的文字介绍与价格按钮。

项目五
商品详情页视觉设计

➡️ 知识目标

- 了解商品主图的设计规范。
- 掌握商品主图的设计形式。
- 掌握商品细节展示区的设计技巧。
- 了解修饰元素在商品功效简介区中的运用。
- 熟练掌握商品详情页各部分的设计方法。

➡️ 能力目标

- 能够为商品主图添加合适的文案。
- 能够进行商品详情页视觉设计。

➡️ 素养目标

- 把握细节，用严谨为创意托底。
- 掌握新质生产力，善用 AI 辅助设计。

商品详情页是商品营销的落地点。消费者在购买商品前一般会仔细、反复地看商品详情页的内容，甚至对比着看，这样才能决定是否咨询卖家、是否下单。如果商品详情页不能满足消费者的需求，不能解决消费者的实际问题，那么前面的工作做得再好，都可能功亏一篑。因此，任何店铺都要对商品详情页进行重点设计。

任务一　商品主图设计

当消费者在电子商务平台中搜索商品时，显示在搜索结果页中的商品图片就是商品主图。商品主图是消费者对商品的第一印象，决定着消费者是否打开商品详情页，并影响消费者对商品的购买欲望。因此，商品主图直接影响着店铺的点击率和转化率。

一、商品主图的设计规范

淘宝测试数据表明，消费者最关注商品主图上的促销信息和商品卖点介绍。于是，在一段时间内很多店主都在商品主图上添加了大量的文字，这些文字甚至遮盖了商品主图。为了保证搜索结果页的美观和消费者的消费体验，淘宝对商品主图的尺寸和设计都提出了具体的要求和规范。

1. 标准尺寸

商品主图的文件大小要小于 3MB，图片格式可以为 JPG、PNG 格式。建议将商品主图设计为正方形图片，即宽高比为 1∶1，如尺寸为 750 像素 ×750 像素的图片。当上传的商品主图尺寸大于 700 像素 ×700 像素时，商品详情页会自动提供放大镜功能，即消费者将鼠标指针移到商品主图上时，商品主图会被局部放大，以便消费者查看商品细节，如图 5-1 所示。

图 5-1　商品详情页的放大镜功能

2. 3∶4 主图尺寸

3∶4 主图也被称为竖图主图，是淘宝为展示商品而设计的一种特定尺寸的图片。这种图片的高度大于或等于 1000 像素，且宽度大于或等于 750 像素，同时保持宽高比为 3∶4。

在设置竖图主图时，通常还需要搭配相应比例的竖图视频，如图 5-2 所示。竖图主图凭借更大的展示面积，在手机上能够更好地吸引消费者的注意力。与传统的 1∶1 商品主图相比，竖图主图能够更充分地展示商品的细节和特色，从而有效提高商品的点击率。

图 5-2　竖图视频和竖图主图

二、商品主图的设计形式

商品主图应满足的基本要求是展示商品的全貌，画面清晰，并且不能有杂乱的背景。商品主图的设计形式主要有以下几种。

1. 展示商品的全貌

利用白色背景展示商品的全貌是商品主图常规的设计形式，如图 5-3 所示。这种设计形式的优点是画面干净、主体突出，可以让消费者快速了解商品的外观。

图 5-3　利用白色背景展示商品的全貌

2. 场景化设计

商品主图另一种常规的设计形式是通过模特展示商品，或者根据商品的特点和用途搭建生活化的场景，如图 5-4 所示。这种设计形式的优点是可以让消费者直观地感受商品的实际使用效果，使其产生心理上的映射，并且间接地向消费者传达商品的适用人群和档次。

图 5-4　利用场景展示的商品主图

3. 拼接式设计

拼接式设计就是将多张商品图片拼接成一张商品主图，如图5-5所示。这种设计形式的优点是信息丰富，不仅可以同时显示商品的外观和实际效果，还可以让消费者对商品的可选颜色一目了然；缺点是众多的商品图片放在一起，不能凸显商品特征。

图5-5　拼接式设计的商品主图

4. 突出商品品牌

对于品牌商品，商品主图的一角通常会显示品牌的Logo，这可以有效地让消费者识别品牌，唤醒老客户的消费记忆，吸引新客户的关注和消费，如图5-6所示。

图5-6　突出商品品牌的商品主图

↘ 三、添加文案，提高商品主图点击率

商品主图是吸引消费者了解商品和进店浏览的关键，因此设计人员要充分利用商品主图的画面空间，在商品主图上添加一些描述商品特色和卖点、激发消费者购物欲望的文案，进一步吸引消费者点击商品主图，如图5-7所示。

图 5-7　添加文案

在商品主图中添加品牌信息也是吸引消费者的有效手段之一，其中较常见的是添加品牌 Logo，如图 5-8 所示。对于已经拥有良好形象与口碑的品牌而言，在商品主图中添加品牌 Logo 会使浏览该商品的消费者产生信赖感，从而提高主图点击率。

图 5-8　添加品牌 Logo

对于并没有被大众熟知的品牌而言，在商品主图中添加品牌信息能够增强商品的辨识度，也能使消费者在重复的浏览中注意并逐步记住这个品牌，如图 5-9 所示。因此，这也是利用商品主图在视觉上树立品牌形象的好方法。

图 5-9　添加品牌信息

添加了文案的商品主图可以传递更多的商品信息，让消费者通过一张图片就能对商品有更多的了解，更容易激发消费者的点击兴趣和购买欲望。

在为商品主图添加文案时，需要注意以下两点。

（1）文案简洁明了，有引发消费者产生点击冲动的吸引力。

（2）文案不能遮挡商品主体。

因为消费者是在有明确需求的情况下浏览商品主图的，所以卖家应该更多地考虑如何在同类商品主图中更好地展示自己所销售商品的特色与优势，这样才能完全激发消费者的购买欲望。

任务二　商品细节展示区设计

在商品详情页中，为了让消费者全面地了解商品的细节和特点，设计人员会设计相应的模块（商品细节展示区）来对商品进行全方位的展示。下面将详细介绍商品细节展示区的表现形式及其通用设计方式。

↘ 一、商品细节展示区的表现形式

与其他区域的设计要求类似，商品细节展示区的尺寸仍要遵循电子商务平台的设计规范。考虑到不同商品在材质、功能和外观等方面的差异，在设计商品细节展示区时可以采用不同的表现形式。常见的表现形式有两种，一种是指示型，另一种是局部图解型。

1. 指示型表现形式

指示型表现形式就是先将商品完整地展示出来，再把商品需要突出展示的细节图放大后排布在商品整体外观图的四周，并利用线条、箭头等设计元素将细节图与商品整体外观图连接起来，有时还会用简单的说明性语言来对商品细节进行解释，如图5-10所示。

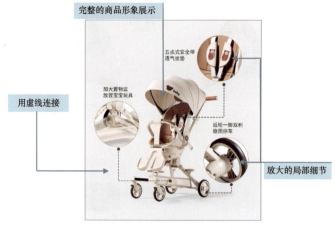

图 5-10　指示型表现形式

用指示型表现形式对商品进行展示，既可宏观呈现商品的完整外观，又可深入展现重要部分的细节，非常适合体积较小、部件较多的商品或家具等外形较大的商品。这种表现形式能够清楚地告诉消费者所展示的细节位于商品的哪个位置、具有什么特点等。

2. 局部图解型表现形式

局部图解型表现形式的设计更简单，只需将商品的局部细节放大即可，不需对细节位置进行指示。使用局部图解型表现形式时，可以增加说明性文字内容，这种表现形式比较适合外观简单、部件较少的商品及日常用品的细节展示。

局部图解型表现形式如图 5-11 所示，从中可以看出设计人员将女鞋的局部细节放大了，并通过文字对珍珠褶皱绊带的设计进行了说明。

设计人员在使用局部图解型表现形式制作商品细节展示区时，要在商品详情页的开始部分对商品整体外观进行展示，这样才便于消费者在浏览过程中理解细节图所传递的信息。

图 5-11　局部图解型表现形式

↘ 二、商品细节展示区的通用设计方式

在设计商品细节展示区时，如果画面中只有图片，而没有必要的文字说明和细节修饰，就会显得很单一，并且不能完整、准确地展示商品的形象和特点。商品细节展示区的一种通用设计方式就是添加必要的文字和素材。

1. 利用文字对细节进行说明

要想让消费者全方位地了解商品的特点，可以用文字来进行说明。在商品细节展示区的设计过程中，文字的添加也是有技巧的，一般可以使用标题文字和段落说明文字组合的方式对细节进行说明，如图 5-12 所示。

虽然通过添加文字来对细节进行说明是比较通用的设计方式，但有时为了满足版式设计的需要或者出于其他原因，在进行细节展示之前也可以先用较为系统的表格、段落文字等逐一介绍商品的属性，然后在商品细节展示区重点展示商品的局部细节，至于是否还要添加文字则根据实际设计内容而定。

例如，在宠物外出包细节展示区（见图 5-13）中，先详细说明宠物外出包的品名、品牌、材质、适用对象、尺寸、颜色等属性，再使用图片和简单的文字对宠物外出包的6 个较为重要的区域进行放大展示，这样消费者能够集中而专注地感受商品的外观，避免受到多余信息的干扰。

标题文字：对该细节图的内容进行概括和归纳

段落说明文字：详细阐述该细节图的内容，对标题文字进行展开说明

图 5-12　利用文字对细节进行说明

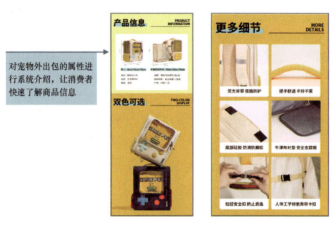

对宠物外出包的属性进行系统介绍，让消费者快速了解商品信息

图 5-13　宠物外出包细节展示区

2. 素材让细节展示更直观

在设计商品细节展示区时，素材的添加和绘制是必不可少的，它不仅能让商品图片之间产生一定的联系，还能对画面的布局、文字的排列进行规范。图 5-14 所示为在商品细节展示区中应用非常广泛的箭头素材和聊天气泡素材。

矩形素材与圆形素材的使用如图 5-15 所示。在两张商品细节图中，左图使用矩形素材作为说明文字的边框，使其工整地显示在固定的区域内；右图利用圆形素材让细节图与商品整体外观图之间产生一定的联系，让消费者在浏览时能够快速明白

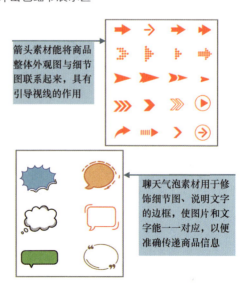

箭头素材能将商品整体外观图与细节图联系起来，具有引导视线的作用

聊天气泡素材用于修饰细节图、说明文字的边框，使图片和文字能一一对应，以便准确传递商品信息

图 5-14　箭头素材和聊天气泡素材

细节图的出处和含义。

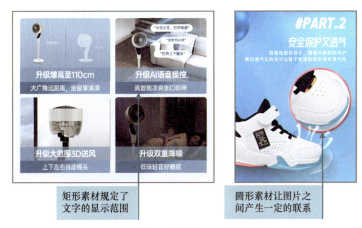

图 5-15　矩形素材与圆形素材的使用

任务三　商品功效简介区设计

商品功效简介区用于对商品的功能或作用进行详尽、透彻的分析和解说。商品功效简介区的位置在整个商品详情页中是比较靠后的，消费者能坚持浏览到这里说明他对商品产生了很大的兴趣。将商品功效简介区设计得有特色可以进一步提升消费者对商品的好感，从而促使消费者下单。

一、商品功效简介区的设计规范

商品功效简介区是商品描述页的一部分，其设计宽度受到商品描述页宽度的限制，设计高度受到的限制较弱。

表 5-1 所示为淘宝、天猫和京东的商品描述页设计规范。

表 5-1　淘宝、天猫和京东的商品描述页设计规范

电子商务平台	商品描述页设计规范
淘宝	商品描述页的整体宽度不超过 750 像素
天猫	商品描述页布局与淘宝类似，不同之处在于天猫新版商品描述页的宽度由 750 像素变为 790 像素
京东	商品描述页的整体宽度默认为 990 像素，也可以设置成 750 像素或 790 像素（根据商品或店铺需求选择）

商品功效简介区主要介绍商品的功能与作用，如果采用平铺直叙的语言，那么大量的文字会让消费者失去阅读的兴趣，进而导致转化率的下降。因此，商品功效简介区的设计重点就是对商品的功效进行总结与归纳，并通过文字、色彩和修饰元素的完美搭配来提升文字的可读性。

商品功效简介区的设计如图5-16所示，设计人员通过对商品功效进行总结性归纳，将文字与修饰元素相结合，并进行了合理布局和版式规划，从而增强了文字的可读性。

图 5-16　商品功效简介区的设计

二、修饰元素在商品功效简介区中的运用

在设计商品功效简介区时，为了将商品功效表述得更加直观、形象，卖家可以使用多种修饰元素来丰富画面的内容。例如，用图片来代替某些文字或者使用素材来突出重点文字。修饰元素的巧妙应用不仅能够提升商品信息的可读性，还让枯燥的文字变得更具象化，在给消费者带来视觉享受的同时，也有助于消费者深入了解商品的功效。

图5-17所示为修饰元素在商品功效简介区中的运用。

图 5-17　修饰元素在商品功效简介区中的运用

任务四　商品详情页视觉设计案例

下面将结合前面所讲的内容为一款蜂蜜设计商品详情页，如图 5-18 所示，设计内容包括广告图、商品信息、检测展示和商品细节展示等，要求设计的页面能清晰、准确地展示并说明该蜂蜜的特点，操作过程如下。

商品详情页
视觉设计
案例

图 5-18　蜂蜜商品详情页

步骤 01 运行Photoshop CS6软件，按【Ctrl+N】组合键，在打开的"新建"对话框中设置各项参数，并将背景色设置为白色，然后单击"确定"按钮，如图5-19所示。

步骤 02 制作广告图。将拍摄好的广告图导入图像窗口中，按【Ctrl+T】组合键调出变换框，适当调整其大小，如图5-20所示。

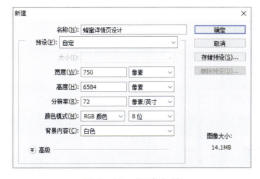

图 5-19　新建文档　　　　　　图 5-20　导入广告图并调整大小

步骤 03 选择魔棒工具，在工具属性栏中将"容差"设置为"30"，单击橙色背景，按【Delete】键删除选区内的图像，如图5-21所示。

步骤 04 将"背景"和"木框"素材导入图像窗口中，按【Ctrl+T】组合键调出变换框，适当调整其大小和位置，然后在"图层"面板中将"图层1"图层拖至最上方，如图5-22所示。

图5-21　删除图像　　　　　　图5-22　导入素材并调整大小和位置

步骤 05 按【Ctrl+J】组合键复制"木框"素材，按【Ctrl+T】组合键调出变换框并单击鼠标右键，在弹出的快捷菜单中选择"水平翻转"命令，水平翻转图像，如图5-23所示。

图5-23　复制并水平翻转图像

步骤 06 为广告图添加文字。选择圆角矩形工具，在工具属性栏中将填充颜色设置为RGB（200、141、92）、将"半径"设置为"20像素"，绘制一个圆角矩形。选择横排文字工具T，输入广告文字，并在"字符"面板中设置各项参数，其中将文字颜色设置为RGB（104、60、36）和白色，如图5-24所示。

图5-24　添加广告文字

图 5-24　添加广告文字（续）

步骤 07 双击"大自然的恩赐"图层，在弹出的"图层样式"对话框中设置"渐变叠加"图层样式，其中将渐变色设置为RGB（140、90、55）到RGB（229、164、103），然后单击"确定"按钮，如图5-25所示。

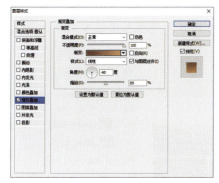

图 5-25　设置"渐变叠加"图层样式

步骤 08 选择所有广告图图层，按【Ctrl+G】组合键将图层编组。制作商品信息区，将"木纹"素材导入图像窗口中，按【Ctrl+T】组合键调出变换框，适当调整其大小和位置，如图5-26所示。

图 5-26　将图层编组并导入和调整素材

步骤 09 选择横排文字工具**T**，输入商品信息区的相关文字，在"字符"面板中设置各项参数，如图5-27所示。

图 5-27　添加商品信息

步骤⑩ 制作地理环境区。选择矩形工具 ▢，在其工具属性栏中将填充色设置为RGB（255、242、223），绘制一个矩形作为背景，然后选择圆角矩形工具 ▢，绘制3个圆角矩形，如图5-28所示。

步骤⑪ 选中"圆角矩形 2"图层，将"山区"素材导入图像窗口中，然后按【Ctrl+Alt+G】组合键创建剪贴蒙版，如图5-29所示。

图 5-28　绘制矩形和圆角矩形　　　　图 5-29　创建剪贴蒙版

步骤⑫ 将"图标"素材导入图像窗口中，在"图层"面板中将其图层混合模式设置为"正片叠底"，如图5-30所示。

步骤⑬ 采用同样的方法导入所需素材，并创建剪贴蒙版，如图5-31所示。

图 5-30　设置"正片叠底"图层混合模式

图 5-31　导入素材并创建剪贴蒙版

步　骤 **14** 选择横排文字工具 **T**，输入相应的描述文案，在"字符"面板中设置各项参数，然后为主标题粘贴"大自然的恩赐"文本的图层样式，如图5-32所示。

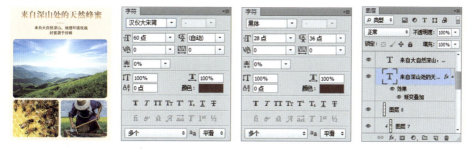

图 5-32　添加描述文案并设置文字属性

15 制作检测展示区。选择圆角矩形工具 ，在其工具属性栏中将"半径"设置为"50像素"，绘制一个圆角矩形；将"养蜂人"素材导入图像窗口中，然后按【Ctrl+Alt+G】组合键创建剪贴蒙版，如图5-33所示。

16 使用横排文字工具 **T** 输入描述信息，并设置文字属性；使用椭圆工具 绘制一个圆形，在其工具属性栏中将填充色设置为RGB（109、62、32），如图5-34所示。

图 5-33　绘制圆角矩形、导入素材并创建剪贴蒙版　　图 5-34　添加描述信息并绘制圆形

步骤 17 选择所有描述信息图层，按【Ctrl+G】组合键将图层编组，然后按【Ctrl+J】组合键复制图层组，分别将它们移至合适的位置，然后替换其他素材文件并修改文案内容，如图5-35所示。

图 5-35　对图层编组并复制图层组

步骤 18 在浏览器中打开"百度AI图片助手"页面，单击"上传图片"按钮，打开"蜂蜜02"素材文件，在页面右侧单击"变清晰"按钮，如图5-36所示。

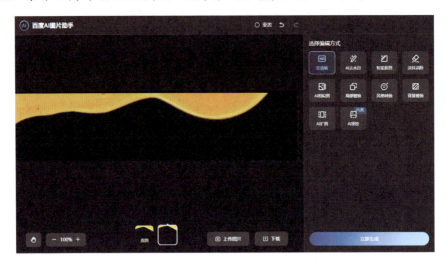

图 5-36　上传图片并单击"变清晰"按钮

步骤 19 在页面右侧单击"AI相似图"按钮，然后单击"立即生成"按钮，即可生成一系列与"蜂蜜02"素材相关或风格相似的图像，如图5-37所示。

步骤 20 在页面下方选择需要的图像，单击"智能抠图"按钮，如图5-38所示。抠图完成后，单击"下载"按钮下载图像。

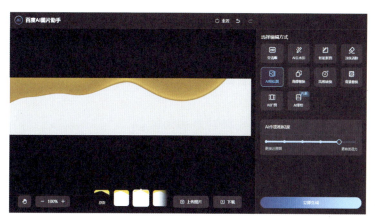

图 5-37　生成相似图

图 5-38　单击"智能抠图"按钮

步骤 21 打开Photoshop CS6软件，导入抠好的素材，将其调整至合适的大小和位置，然后输入文案并设置图层样式，如图5-39所示。

图 5-39　添加素材和文字

步骤 **22** 制作商品细节展示区，将"蜂蜜03"素材导入图像窗口中，在"图层"面板中单击"添加图层蒙版"按钮 ⬛，添加图层蒙版；选择画笔工具 ✏️，将前景色设置为黑色，然后在背景处进行涂抹，如图5-40所示。

步骤 **23** 采用同样的方法，继续添加商品细节展示区的图像素材，并为其配上文字，如图5-41所示。

图 5-40　导入素材并添加图层蒙版　　　图 5-41　添加图像素材和文字

步骤 **24** 选择移动工具 ✛，对窗口中的图像进行最后的调整，即可完成蜂蜜商品详情页的制作，最终效果如图5-42所示。

  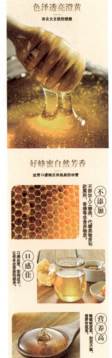

图 5-42　蜂蜜商品详情页最终效果

项目实训

打开"素材文件\项目五\项目实训"文件夹，利用其中的素材文件为某小家电店铺设计一个电吹风机商品详情页，效果如图 5-43 所示。

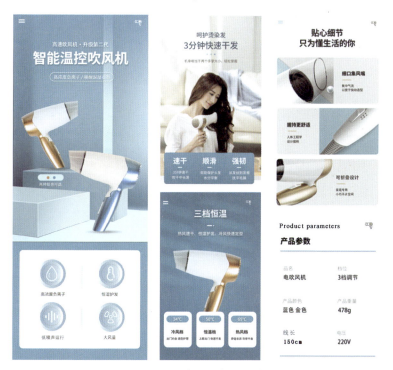

项目实训

图 5-43　电吹风机商品详情页

操作提示：使用百度 AI 图片助手抠取商品素材；使用椭圆工具、圆角矩形工具和直线工具绘制图形；导入图像素材并创建剪贴蒙版，制作商品细节展示区；使用横排文字工具输入商品属性、特点等文字。

项目六
高点击率推广图片视觉设计

→ 知识目标

- 掌握推广图片的构图方式。
- 掌握关键词推广创意图设计的技巧。
- 掌握内容推广创意图设计的关键点。

→ 能力目标

- 能够识别推广图片的各种构图方式。
- 能够设计关键词推广创意图。
- 能够设计内容推广创意图。

→ 素养目标

- 以营销思维为指导，增加电子商务视觉设计的看点。
- 深入理解消费者，坚持"以人为本"的设计思想。

　　图片是电子商务营销的基础与核心，尤其是推广图片，其设计的重要性不言而喻。可以说优质的推广图片是吸引流量、促进点击、提高转化率的必需品，也是电子商务视觉设计的关键。本项目将以关键词推广创意图和内容推广创意图为例，详细介绍如何设计出有吸引力、高点击率的推广图片。

任务一 推广图片的构图方式

在图片设计中，构图有着独特的形式和规律。一幅成功的推广图片的构图是十分讲究的，需要契合人们的心理预期和视觉习惯。下面介绍几种不同的构图方式。

一、变化式构图

变化式构图又称留白式构图。设计人员将商品安排在某一角落或某一边，同时留出大部分空白区域，如图6-1所示。留白的作用是展示感情色彩，给消费者思考和想象的空间。

图 6-1　变化式构图

二、对角线构图

对角线构图就是把商品安排在对角线上，利用对角线来统一画面元素，同时使陪体与主体明显区分，如图6-2所示。这种构图方式的特点是画面富有动感，容易产生线条的汇聚趋势，吸引消费者的目光，从而达到突出商品的效果。

图 6-2　对角线构图

三、对称式构图

对称式构图给人一种画面平衡、稳定的感觉，缺点是画面比较呆板、缺少变化，如图6-3所示。

四、平衡式构图

平衡式构图给人一种祥和、平静的感觉，缺点是缺乏创新，如图6-4所示。平衡式构图不像对称式构图那样呆板，所以很多设计人员都会选择这种构图方式。

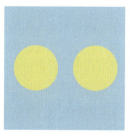

图 6-3　对称式构图

五、紧凑式构图

紧凑式构图就是将商品以特写的

图 6-4　平衡式构图

形式加以放大，让商品布满画面，具有紧凑、细腻、微观等特点，如图 6-5 所示。

图 6-5　紧凑式构图

任务二　关键词推广创意图设计

关键词推广创意图的视觉效果不容忽视。消费者搜索关键词后，最先从关键词推广展示位看到的就是商品的图片和标题，并且图片占了绝大部分展示空间，所以图片极大地影响了点击率。优秀的关键词推广创意图能够吸引消费者进行点击，有点击才可能有转化，从而提升关键词推广的效果。

一、确定图片整体风格

在制作关键词推广创意图之前，首先要做的就是根据文案或商品特点等因素来对其进行风格定位。设计人员可以根据关键词的投放计划确定自身商品推广所投放的位置（如第几页、第几个），并对周边商品进行分析，从而使自身商品在设计上更为突出，引起消费者的注意。

关键词推广创意图应用案例如图 6-6 所示，本案例商品投放位置在红框处，周边商品的推广图片多选用暖色调，且没有体现商品的卖点和价格优势。相对而言，本案例商品的关键词推广创意图有以下特点：在色调方面，因为商品颜色不可改变，所以设计人员可以通过改变背景来突出与周边商品的差异性；在文案方面，为了体现商品卖点及活动，使用了"国 AA 级""学习专用""赠送运费险""质保三年"等字眼。

图 6-6　关键词推广创意图应用案例

设计时，要明确推广的商品所针对的消费群体，同时，分析他们的喜好，以确定设计风格及颜色；分析他们的消费能力，以确定什么样的促销方式是其最容易被接受的；分析他们的生活习惯，合理调整投放时间和策略，与竞争对手形成差异化优势，以提高投放效率。

例如，同样是保温杯的关键词推广创意图，针对年轻消费群体的关键词推广创意图如图 6-7 所示，具有时尚感；针对商务人士群体的关键词推广创意图如图 6-8 所示，凸显了商品的质感。

完成风格定位后，就可以进行关键词推广创意图的制作了。在制作关键词推广创意图时，可以采用以下技巧。

图 6-7　针对年轻消费群体的
关键词推广创意图

1. 运用适当的背景颜色

在设计关键词推广创意图时，可以选择与商品本身颜色相近的背景颜色，也可以选择与商品本身颜色差异较大的背景颜色。但要注意背景颜色切勿太杂、太乱，否则会影响商品在图片中的主体地位。此外，也可以对背景进行适当的模糊处理，以突出商品形象，如图 6-9 所示。

图 6-8　针对商务人士群体的
关键词推广创意图

2. 保证图片清晰度

关键词推广创意图的清晰度是极为重要的。清晰的图片更显质感，因此，在进行关键词推广创意图设计时，对于较暗的图片可以用色阶工具调亮，对于模糊的图片可以适当进行锐化处理，如图 6-10 所示。

在缩小商品图片时，商品图片会相应地变模糊，因此在缩小商品图片后，应适当锐化一次（不可超过两次），这样商品看上去更有质感。需要注意的是，切勿放大缩小了的商品图片。如果觉得商品图片过小，就用高精度原图重新进行缩小处理。

图 6-9　背景模糊处理

3. 精简文字

商品图片不能被任何素材及文字覆盖，商品图片与素材或文字的间距至少为 10 像素。

对于展示文案的具体内容，设计人员必须分析商品特点及消费群体特征，提炼出精髓。例如，功能类商品

图 6-10　锐化商品图片

以展示功效为主，对于普通工薪消费群体以展示商品的优惠力度为主（见图 6-11），对于优势突出的商品以展示其优势为主。

图 6-11　突出促销价格

4. 巧用素材搭配

在进行商品展示和拍摄时，可以找一些"配角"进行搭配，但要注意它们的主次关系。消费者通常会根据图片中物体的大小来区分它们的主次关系，因此"主角"一般要占整张图片的 1/2，以避免给消费者带来误解。

素材搭配案例如图 6-12 所示，其中的主次关系很清晰，榨汁机占据图片中较大的面积，而果汁和冰块等只起陪衬作用。

因此关键词推广创意图关系到消费者的视觉体验，所以设计好关键词推广创意图成为成功开展关键词推广的关键。如果关键词推广创意图设计得不好，就会直接影响关键词推广的效果。关键词推广创意图的呈现是推广商品的重要入口，如果消费者注意不到这个入口，哪怕商品再好、内页设计得再完美，他们也很难看到。

图 6-12　素材搭配案例

二、添加利益点说明

商品主图虽然可以展示店铺或商品的说明信息，但受图片尺寸及商品主图的主要功能（展示商品本身）的限制，商品主图中通常只包含店铺品牌的 Logo，利益点说明主要针对商品。

相比之下，在关键词推广创意图中可以放置更多的内容来展示店铺信息，利益点说明也可以包含整个店铺的利益点，如图 6-13 所示。

不仅有针对所展示商品的利益点说明，也通过"晒图享一年以换代修"表明了店铺的利益点

图 6-13　包含店铺利益点的关键词推广创意图

在关键词推广创意图中添加更多店铺品牌的说明信息，能让消费者从更多方面认识店铺品牌，进一步增强消费者对店铺品牌的认同感，提升图片的可信度。同时，店铺利益

点信息的添加也能促使消费者进行点击。例如，图 6-13 显示该店铺的利益点为"晒图享一年以换代修"，因此消费者可能会进入店铺进行消费，从而为店铺增加流量与销售额。

任务三　内容推广创意图设计

衡量内容推广创意图投放性价比的关键在于点击率。在同样的成本与展现量的情况下，内容推广创意图的点击率越高，其所达到的引流效果就越明显。要想提高内容推广创意图的点击率，就需要对内容推广创意图进行精心设计。

一、博取眼球的创意设计

创意需要灵感和积累，并不是在短期内就能轻易产生的，但如果创意有明确的对象，往往也不难抓住。例如，拍摄商品时变换相机的位置，从不同的角度进行拍摄，便可以使内容推广创意图展现出不一样的效果，如图 6-14 所示。

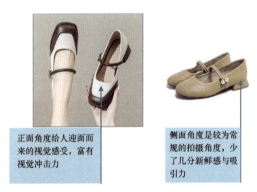

正面角度给人迎面而来的视觉感受，富有视觉冲击力

侧面角度是较为常规的拍摄角度，少了几分新鲜感与吸引力

图 6-14　从不同角度拍摄的商品图片

除了改变商品的拍摄角度外，对商品进行富有造型感的摆设也能体现创意并增强商品的吸引力。对比图 6-15 中的 3 张图片，你认为哪一张更具有视觉冲击力呢？大多数人可能会认为第一张图片生动、灵活，第二张图片中规中矩，第三张图片过于常规，不具备新鲜感。

图 6-15　不同造型商品摆设

↘ 二、统一设计风格

主题是图片的重点。对于内容推广创意图而言，主题是激发消费者潜在需求的重要"武器"，明确的主题能够促使消费者点击。因此，内容推广创意图的设计需要拥有统一的风格。

背景可以烘托出内容推广创意图的整体氛围并展示其设计风格。内容推广创意图背景的设计主要有两种方式：一种是通过拍摄道具构建背景，从而营造整体气氛；另一种是合成背景，如图 6-16 所示。

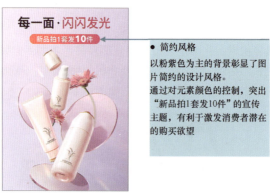

● 简约风格
以粉紫色为主的背景彰显了图片简约的设计风格。
通过对元素颜色的控制，突出"新品拍1套发10件"的宣传主题，有利于激发消费者潜在的购买欲望

● 温馨风格
商品的摆放富有情景感，背景使用了与厨房场景相协调的暖色调，图片整体呈现出温馨而实用的氛围。图片突出了商品"厨具收纳机"，文案又突出了"新款特惠"等优惠信息，主题明确，能够激发消费者的点击冲动

图 6-16　内容推广创意图背景的设计方式

↘ 三、确定重点表现元素

只有统一的设计风格是不够的，内容推广创意图更重要的意义在于通过图片的设计对店铺或商品进行推广，从而为其带来流量。搭配适当的色彩、控制好相关元素的尺寸也是让内容推广创意图具有足够吸引力的关键。

在设计内容推广创意图时，需要确定重点表现元素。图 6-17 中两张图片的重点表现元素均为实惠的价格，因此两张图片中的价格元素色彩醒目、尺寸较大（价格元素只有足够突出才能具有吸引力，从而吸引消费者点击）。

实惠的价格是图片中重点突出的对象，
能够迅速吸引消费者的眼球

图 6-17　重点突出优惠价格元素

任务四　关键词推广创意图设计案例

下面将结合前面所讲的内容为一款立式电风扇设计关键词推广创意图，如图 6-18 所示。在制作过程中我们会使用家居背景、沙发和冷气素材进行修饰，添加"领券下单立减 30 元""全国联保""一年以换代修"促销方案，并使用简单的广告词来突出产品优势，操作过程如下。

关键词推广创意图设计案例

图 6-18　立式电风扇关键词推广创意图

步骤 01 运行 Photoshop CS6 软件，按【Ctrl+N】组合键，在打开的"新建"对话框中设置各项参数，其中将背景色设置为白色，然后单击"确定"按钮，如图 6-19 所示。

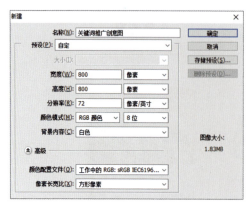

图 6-19　新建文档

步骤 02 将"背景"和"沙发"素材导入图像窗口中，按【Ctrl+T】组合键调出变换框，适当调整其大小和位置，如图6-20所示。

步骤 03 在"图层"面板中将"图层2"图层的图层混合模式设置为"正片叠底"，为"沙发"素材添加阴影效果，如图6-21所示。

图 6-20　导入素材并调整　　　　　　　图 6-21　设置"正片叠底"图层混合模式

步骤 04 按【Ctrl+J】组合键得到"图层2 副本"图层，将其图层混合模式设置为"正常"，在按住【Alt】键的同时单击"添加图层蒙版"按钮■，添加图层蒙版。选择画笔工具■，将前景色设置为白色，然后在沙发上涂抹，效果如图6-22所示。

图 6-22　编辑图层蒙版

步骤 05 运行美图秀秀软件，打开"电扇"素材，在左侧单击"抠图"按钮⊙，抠取商品图像，如图6-23所示。

图 6-23　使用"抠图"功能进行抠图

步骤 06 在右侧选择"特效"选项卡，然后单击"投影"选项卡右侧的"添加"按钮＋，拖动滑块调整投影的距离、模糊和角度，如图6-24所示。

图 6-24　添加投影特效

步骤 07 打开Photoshop CS6软件，将抠好的素材导入图像窗口中，按【Ctrl+J】组合键得到"图层3 副本"图层，然后按【Ctrl+T】组合键调出变换框，适当调整其大小和位置，如图6-25所示。

图 6-25　导入素材并进行复制和调整

步骤 **08** 制作冷风特效。将"冷风"素材导入图像窗口中，将其图层混合模式设置为"滤色"，按【Ctrl+T】组合键调出变换框，适当调整其大小和位置，如图6-26所示。

步骤 **09** 选择"滤镜"|"模糊"|"高斯模糊"命令，在弹出的"高斯模糊"对话框中将"半径"设置为"2.0像素"，然后单击"确定"按钮，如图6-27所示。

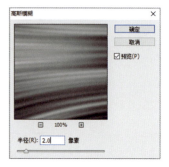

图 6-26　导入素材　　　　　　　　　　　图 6-27　应用"高斯模糊"滤镜

步骤 **10** 采用同样的方法，为"图层4"图层添加并编辑图层蒙版，按【Ctrl+J】组合键得到"图层4 副本"图层，将其"不透明度"设置为"60%"，如图6-28所示。

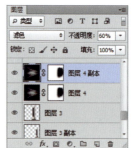

图 6-28　复制图层并设置其"不透明度"

步骤 **11** 选择椭圆工具，在工具属性栏中将填充色设置为RGB（0、180、255），绘制一个椭圆，在"属性"面板中将"羽化"设置为"25.0像素"，然后将"椭圆1"图层的图层混合模式设置为"叠加"，如图6-29所示。

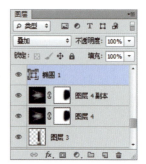

图 6-29　绘制椭圆并设置其图层混合模式

步骤 12 制作促销方案背景。使用矩形工具█和圆角矩形工具█分别绘制一个矩形和一个圆角矩形，并将填充颜色设置为RGB（219、32、32），如图6-30所示。

图6-30　绘制图形

步骤 13 双击"圆角矩形1"图层，在弹出的"图层样式"对话框中设置"渐变叠加"图层样式，并将渐变色设置为RGB（224、197、151）、RGB（253、228、208）到RGB（224、197、151），然后单击"确定"按钮，如图6-31所示。

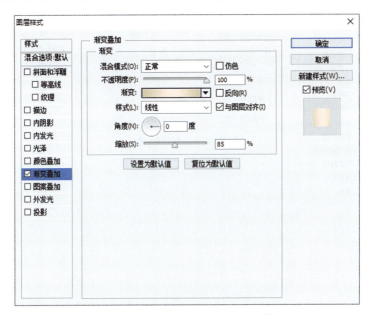

图6-31　设置"渐变叠加"图层样式

步骤 14 选择圆角矩形工具█，绘制一个圆角矩形，然后选择直接选择工具▷对圆角矩形进行变形操作，如图6-32所示。

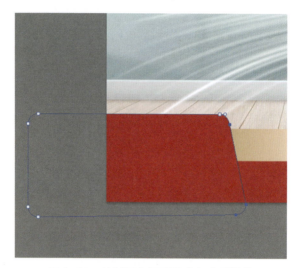

图 6-32　绘制圆角矩形并进行变形操作

步骤⑮ 双击"圆角矩形2"图层，在弹出的"图层样式"对话框中设置"渐变叠加"图层样式，并将渐变色设置为RGB（255、92、92）到RGB（209、14、14），如图6-33所示。

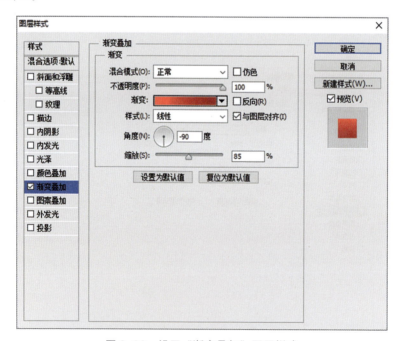

图 6-33　设置"渐变叠加"图层样式

步骤⑯ 在"图层样式"对话框中继续设置"投影"图层样式，然后单击"确定"按钮，如图6-34所示。

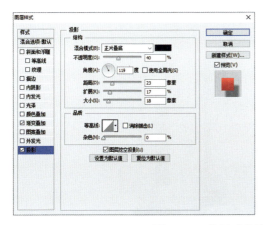

图 6-34　设置"投影"图层样式

步骤 ⑰ 为关键词推广创意图添加文案。选择横排文字工具 **T**，输入相应的商品促销文案；打开"字符"面板，设置文字的各项参数，如图6-35所示。

图 6-35　添加促销文案

步骤 ⑱ 输入商品卖点文案，并将文字颜色设置为RGB（40、60、58），然后使用圆角矩形工具 ▢ 绘制圆角矩形作为装饰元素，效果如图6-36所示。

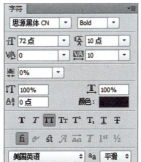

图 6-36　输入商品卖点文案

步骤 ⑲ 根据需要为部分文字添加"投影"图层样式，即可得到最终效果，如图6-37所示。

图 6-37 关键词推广创意图最终效果

项目实训

打开"素材文件\项目六\项目实训"文件夹，利用其中的素材文件设计一张美妆类关键词推广创意图，效果如图 6-38 所示。

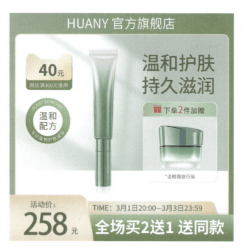

项目实训

图 6-38 美妆类关键词推广创意图

操作提示：选择矩形工具和圆角矩形工具绘制形状，并设置图层样式；导入图像素材并创建剪贴蒙版，制作创意图背景；使用美图秀秀软件抠取商品素材；选择横排文字工具输入商品促销文案。

项目七
店铺促销广告视觉设计

➡️ **知识目标**

- 掌握营造促销氛围的方法。
- 掌握促销广告图片的三大设计原则。
- 掌握不同发展阶段的促销广告设计方法。

➡️ **能力目标**

- 能够在设计时保证设计的基本美感。
- 能够遵循设计原则设计促销广告图片。
- 能够根据不同发展阶段的特点设计促销广告图片。

➡️ **素养目标**

- 遵循设计标准，以高职业素养保证设计质量。
- 紧跟时代变化，使设计符合消费者的碎片化阅读习惯。

　　促销活动几乎是店铺运营中最常见、最重要的内容，可以这样说，一个成功的店铺是离不开各种各样的促销活动的。促销活动的内容可以通过视觉设计更好地传递给消费者。本项目将着重介绍店铺促销广告的设计方法与技巧。

任务一　促销广告图片的黄金设计要素

店铺的促销方式多种多样，然而无论设计人员采用哪种促销方式，都需要先让消费者知道店铺有促销活动，再让他们参与其中。告知消费者店铺有促销活动的最直接的方式就是使用促销广告图片。有了吸引人的促销活动，就需要以吸引人的促销广告图片将其表现出来，这样才能体现出促销的价值与意义。

一、保证设计的基本美感

具有视觉吸引力的促销广告需要具备基本的设计美感与清晰度。例如，设计时考虑文字的易读性、色彩搭配的协调性、图形元素运用的美观性等。如果不考虑这些因素，就容易破坏促销广告图片的视觉吸引力，从而影响促销广告图片的宣传效果。错误的促销广告图片示例如图7-1所示。

1. 色彩搭配不协调，找不出重点商品
2. 修饰元素太多，容易让消费者眼花缭乱

图7-1　错误的促销广告图片示例

如果想使促销广告图片更富有吸引力与协调感，就要特别注意以下几点。

1. 平衡

促销广告图片中的平衡取决于各个元素的"视觉重量"及其分布。例如，我们不能一味地将所有元素堆放在画面一侧，而将另一侧完全留白，否则画面会失去平衡。同时，针对促销广告图片横向构图较多的状况，我们有时也可以选择采用仰视角度拍摄的商品图片来维持画面的平衡，如图7-2所示。

促销广告图片较扁，此时如果只展示商品侧面，就无法很好地展示回弹性好这一卖点，采用仰视角度拍摄的方式在平衡画面的同时，也起到了一定的视线引导作用

图7-2　仰视角度拍摄

2. 势能

这里所讲的势能是指在设计促销广告图片时可以利用视觉元素制造出对消费者视线的牵引力，以吸引消费者更多的注意力，并引导他们对促销广告图片进行浏览。势能分为动态势能与静态势能两种类型，如图 7-3 所示。

动态势能：随着图片中模特的握拳高呼，消费者的视线会逐渐转移到左侧的活动主题上，这种构图方式具有明显的动态指向效果

静态势能：以较为"安静"的元素来引导消费者的目光，如图中右侧的模特朝向画面左下角，这会在某种程度上引导消费者将视线集中到画面左下角

图 7-3　动态势能与静态势能

3. 集群

人们在感知事物时，习惯把位置相近的事物看作一个整体，所以在进行促销广告图片的设计时，可以将关联性强的信息与元素组合在一起形成集群，以便消费者接收促销信息，避免主要信息布局分散的情况发生，相关示例如图 7-4 所示。

非集群：有很多促销信息，而且分布较为散乱，不能让消费者集中注意力，很容易导致阅读时遗漏

集群：促销信息较为集中，集群的构图方式更利于信息的传达

图 7-4　非集群示例与集群示例

4. 标签分割

利用适当的图形来分割促销广告图片既能丰富画面的构图形式，也能让画面整体看起来更具装饰意味。这些图形像是被贴在画面中的标签，因此我们将这种构图方式称为标签分割。装饰图形可以是常见的几何图形，如圆形、长方形、菱形等，也可以是一些有具体含义的图形，如图 7-5 所示。

利用圆形分割画面，让画面色彩更协调，同时使促销信息更为突出

利用长方形分割画面，突出促销信息，使画面变得更富有装饰感

图 7-5　标签分割

↘ 二、营造促销氛围

促销广告图片通过良好的设计引起消费者的注意，这其实只是走向成功的第一步。如果不能加入更多的视觉营销元素来激发消费者的点击欲望，那么促销广告图片同样起不到应有的作用。在设计促销广告图片时，除了促销活动本身的内容外，设计人员还可以添加引导标签，营造出更为浓郁的促销氛围，进一步引导消费者点击促销广告图片。

在消费者的认知经验中，箭头具有引导性，而按钮则是用来点击的，所以当他们看到箭头或按钮等元素后，大脑便会无意识地发出跟随或点击的指令。这可以说是一种习惯，也可以说是一种潜意识的表现。

根据消费者的这种认知经验，卖家在促销广告图片中添加明确的箭头或按钮元素，会对消费者产生不可忽视的心理暗示作用，如图7-6所示。

箭头与按钮元素起到了引导标签的作用，促使消费者进行点击

图7-6　添加引导标签

需要注意的是，人们的浏览习惯通常是从左到右、从上至下的，因此引导按钮一般应放在图片的右下角，这样当人们将图片中的内容浏览完毕之后，他们的目光会顺势落在引导按钮上，这时他们便很可能会受到引导按钮的影响，情不自禁地进行点击操作。

↘ 三、促销广告图片的设计原则

除了具有基本的设计美感和促销氛围外，促销广告图片的设计还要遵循主题突出、风格统一与目标明确的原则。

1. 主题突出

商品或店铺品牌等信息并不是促销广告图片中需要被重点展示的对象，为了突出"促销"这一主题，价格、折扣、包邮等促销内容才是应该被重点展示的内容，需要被放在视觉焦点位置，让消费者能够明确地感受到促销氛围，如图7-7所示。

促销内容被放在促销广告图片的左侧中心位置，且选用了对比明显的色彩，看起来更为突出

图7-7　主题突出

2. 风格统一

与内容推广创意图类似，促销广告图片也需要保持视觉设计元素的风格统一。

图 7-8 所示为某店铺的促销广告图片，无论是商品的拍摄，还是文字的搭配，都凸显了品牌的"极简"风格。

图 7-8　风格统一

3. 目标明确

当促销广告图片有明确的适用人群时，模特、文字、色彩等视觉元素的选择都要符合这些人群的特点。

例如，在图 7-9 所示的两张促销广告图片中，背景色彩根据商品所针对的不同人群而采用了不一样的纯度与色相。除此之外，文字与文字色彩，以及模特的选择也都不同。

选择少女作为模特，同时大面积使用了具有甜美感的粉色系色彩，所选择的字体造型也并非一板一眼，这都凸显了少女的青春气息，展现了服饰的特点

采用具有怀旧倾向的黄褐色作为主色调，同时选择了较为庄重和具有书法感的字体，以及具有稳重感的深蓝色与红色作为文字色彩，以此来凸显模特的端庄与大气，同时也很好地衬托出了服饰的特点

图 7-9　目标明确

任务二　不同发展阶段的促销广告设计

店铺可以根据自身发展的不同阶段来策划相应的促销活动。设计人员需要结合店铺发展的具体情况，对促销活动进行更有针对性的策划。只有与店铺发展情况相结合，促销广告的投放才更具规划性、更有价值。

↘ 一、发展初期——为打造爆款而促销

对于刚起步的店铺而言，几乎没有自然流量，此时便需要通过推广来进行流量的引入，而促销就是最为有效的引流手段之一。新店或许没有足够的经济实力去开展大规模的促销活动，但可以选择某一单品进行促销，并投放一定比例的单品促销广告，打造爆款。

打造爆款除了需要做好基本的商品定位、质量评估外，在店铺发展初期，投放促销广告也是很有必要的，如图 7-10 所示。

单品卖点说明

促销内容说明

单品展示

图 7-10　单品促销广告设计

为了打造爆款而设计的促销广告图片主要需要表现单品的卖点及优惠力度，以此来吸引消费者点击，同时也可以添加"掌柜热推"等说明文案，告知消费者这件单品为本店重点推荐商品，以此来营造更为浓厚的单品促销氛围。

当单品有了一定的销量之后，销量数据便成为可以在促销广告中使用的重要元素。在促销广告图片中给商品贴上"热卖"标签，消费者就可以加深对商品的感知和信任，进而产生购买行为，如图 7-11 所示。

"热卖"标签给消费者留下商品销量高的印象，增强其信任感

图 7-11　给商品贴上"热卖"标签

二、发展中期——为宣传品牌而促销

在店铺发展中期，品牌的树立起到了稳定店铺发展的作用。在这一基础上，促销活动应更具品牌宣传效应，相应的促销广告也应该为品牌宣传服务。

需要特别指出的是，并非只有在店铺发展中期才需要进行品牌促销，实际上，品牌促销是在店铺发展的各个时期设计促销广告时都要包含的内容。

因此，在设计促销广告图片时，可以明确促销活动的目的是提升品牌知名度，如图 7-12 所示。

为了提升品牌知名度而开展的促销活动

图 7-12　品牌促销活动

图 7-13 所示为某首饰店铺的促销广告图片，它们都采用了将文字信息放在图片左侧，将商品整体外观图放置在图片右侧的方式，一致的表现形式让品牌形象更加统一。

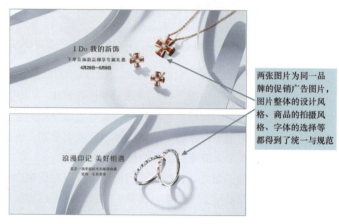

两张图片为同一品牌的促销广告图片，图片整体的设计风格、商品的拍摄风格、字体的选择等都得到了统一与规范

图 7-13　统一品牌形象

店铺除了需要树立独特的品牌形象外，还要根据这一品牌形象建立一系列规范的设计标准。有了统一的设计标准，才能在品牌传播过程中不断地在消费者脑海中强化品牌形象，杂乱无章的表现形式只会干扰消费者对于品牌形象的识别。

↘ 三、发展成熟期——为维系客户而促销

店铺除了可以为打造爆款而促销、为宣传品牌而促销外，还可以为维系客户而促销。

当店铺发展到成熟期，维系客户就成为店铺的首要任务，此时店铺可以增加针对老客户的促销活动。老客户对品牌已经有了一定的认知与信任，维系好老客户其实相当于为店铺树立好口碑，能让营销活动的开展变得更加轻松。

据专业机构调查数据显示，吸引一个新客户的成本要远高于留住一个老客户的成本，两者的比例大约为 5 ∶ 1。同时，老客户的流失比例超过 5% 会带来最少 25% 的利润损失。因此，针对老客户的促销活动能在一定程度上让消费者感受到消费特权，也能为维系客户起到强大的推动作用，如图 7-14 所示。

设计人员在设计促销广告图片时，可以专门设计一个促销页面，说明老客户适用的一系列优惠政策，以增强老客户的归属感，帮助店铺维系老客户。需要注意的是，促销广告图片的设计需要顾及消费者的情感体验，否则无法获取消费者的好感。

例如，图 7-15 所示的会员促销页是否会让你觉得没有过多的兴趣继续浏览呢？这是因为设计人员并没有考虑到消费者的情感体验。

图 7-14　会员促销活动

文字固然可以作为说明促销活动的最为直接的视觉表现符号，但文字的运用也要恰当，否则它对于消费者而言就犹如过眼云烟，不会体现出任何营销价值。过多的文字会"惹恼"消费者，让他们失去对店铺进行深层次了解的耐心。因为在互联网时代，碎片化信息的传播已经逐渐改变了人们的阅读习惯，特别是对于网购的消费者而言，他们本来就在享受悠闲的购物时光，更无法静下心来仔细研究文字信息。

这样的文案非常常见，不具备感染力，只起到了告知作用，并没有考虑到消费者的需求，因此不能起到说服消费者的营销作用

对于消费者而言，购物是一个愉快的放松过程，在这一过程中，他们更希望感受到轻松与愉悦，而图中过多的文字显得繁复且拥挤，会让消费者失去阅读的耐心

图 7-15　会员促销页

因此，在设计促销广告图片时，设计人员需要将大段文字归纳成要点，然而过多的要点也可能会显得繁复，此时，结合图形进行说明能够更加直观地给消费者呈现他们想要看到的信息，如图 7-16 所示。

采用图文结合的表现形式，既简洁又直观，便于消费者阅读与浏览

统计图表、装饰元素等在一定程度上减轻了消费者阅读文字时的枯燥感

图 7-16　图文结合

总体来说，相对于在促销广告图片中全部使用文字分点叙述的方式，采用更丰富的表现形式能够改善纯文字单一与无趣的视觉表现效果，让消费者在浏览时获得视觉缓冲，减轻纯文字带来的负担。

项目实训

1. 图 7-17 所示为林氏家居在天猫店铺发布的促销广告，请分析该图片是如何体现视觉设计美感的，以及遵循了哪一条设计原则。

图 7-17　林氏家居的促销广告

2. 图 7-18 为两个品牌在官方店铺发布的促销广告图片，请分析这两条促销广告的主要目的，并与同学讨论其设计特色。

图 7-18　两个品牌的促销广告图片

项目八
移动端店铺视觉设计

➡ **知识目标**

- 了解移动端店铺的设计标准。
- 掌握移动端店铺视觉设计要点。

➡ **能力目标**

- 能够分析移动端店铺框架结构。
- 能够分析移动端店铺视觉设计。

➡ **素养目标**

- 践行极简主义，减少不必要的设计元素。
- 秉持常换常新的理念，保证店铺视觉设计的活力。

移动端店铺可以看作 PC 端店铺的延续，在设计时更要牢牢把握"消费者体验"这一关键点。移动端店铺一般是依托于智能手机的，而智能手机让人与机器之间有了更加紧密的接触与互动，因此与设计移动端的其他应用软件一样，在设计移动端店铺时也要结合智能手机的特色，设计出交互体验更佳、友好度更高的界面，只有这样才能赢得消费者的喜爱。

任务一　移动端店铺的设计标准

现在，移动端应用软件的界面普遍采用简洁、清爽的扁平化设计，这是因为去除冗余和繁杂的装饰后，移动端应用软件的界面会变得更加干净、整洁，可以更直接地将重要的信息展示出来，这在给消费者提供更好的操作体验的同时，有效地减少了消费者的认知障碍。下面以手机淘宝为例，介绍移动端店铺的设计标准。

↘ 一、移动端店标设计

移动端店标设计思路与 PC 端店标设计思路完全不同。例如，手机淘宝的店标直接出现在店铺顶端，并在店标右侧显示店铺名称，如图 8-1 所示。

图 8-1　手机淘宝的店标

手机淘宝的店标适合采用图形或字母组合的形式，因为符号化的店标更容易加深消费者对店铺的印象。利用微信朋友圈进行小范围营销的店铺或销售母婴用品等特定商品的店铺，也可以使用店主或品牌形象作为店标，这样有助于拉近店铺与特定类型消费者的心理距离，但不要使用公众人物的头像。移动端店铺还可以使用商品的实物图片作为店标，让人看一眼就能明白店铺的主营商品，如图 8-2 所示。

图 8-2　符号化的店标图片和使用实物图片的店标图片

在设计店标时需要注意的是，移动端店铺和 PC 端店铺使用的是同一张店标图片，因此要综合考虑这两种店铺的特点。

↘ 二、移动端店铺图片尺寸标准

为了规范设计，手机淘宝对发布的图片尺寸做出了要求，如图 8-3 所示。

↘ 三、移动端店铺框架结构

移动端店铺和 PC 端店铺一样，也存在着页面间的跳转及页面结构层级关系的安排与布置的问题。这里所说的页面不再是指店铺的各级网页，而是指类似手机淘宝中的店铺的各级界面。为了方便管理，淘宝已经为卖家划分好了相应的店铺框架结构，如图 8-4 所示。

卖家虽然可以不考虑图标、按钮等用户界面（User Interface，UI）的设计，也不必过多地考虑店铺框架结构，但需要注意在已有的店铺框架结构中添加能够促进消费者购买的内容。

首页和商品详情页图片宽度为480像素～1600像素（建议使用750像素的宽度）

单张图片高度建议≤960像素、文件大小建议≤1MB，图片支持JPG、GIF、PNG格式

图8-3 手机淘宝的图片尺寸标准

移动端店铺首页

移动端商品详情页

红色框部分为淘宝自动生成的板块，包括"首页""宝贝""直播""作品""会员"等，卖家只需在不同板块添加对应的内容即可

图中出现的"收藏""加入购物车"等图标是不需要卖家自己设计的，并且在商品详情页的第一屏都会展示商品图片、价格、名称等信息，卖家可以不考虑框架结构的布置，但需要设计商品图片、名称等具体内容

图8-4 淘宝的店铺框架结构

此外，根据店铺框架结构给所添加的内容设置相应的商品或活动链接也尤为重要。否则，店铺框架结构会变得很混乱，不易被消费者所理解，从而阻碍消费者购买商品或参加活动。

图片对应的链接如图 8-5 所示，消费者点击左图中的轮播图片会打开右图中的商品详情页，两者之间是对应的（为同一商品）。卖家只有在不同界面建立了正确的对应关系，才能让消费者快速且方便地找到自己所需要的商品，获得良好的购物体验。

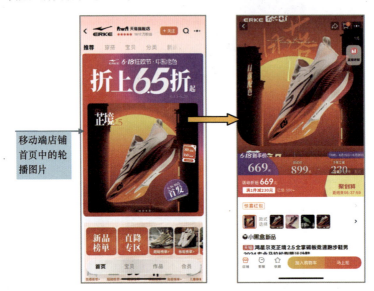

图 8-5　图片对应的链接

任务二　移动端店铺视觉设计要点

移动端店铺视觉设计与 PC 端店铺视觉设计思路基本是一致的，都是为了展示商品、店铺与品牌，促进店铺的持续发展，然而 PC 端页面的全部内容不能被简单地一键导入移动端，否则会出现 PC 端内容无法适应移动端的情况。在进行移动端店铺视觉设计时，要考虑到移动端的特点与属性，并进行相应的调整与变化。

↘ 一、信息内容简洁，便于快速传播

喜欢使用移动端设备进行购物的消费者很多时候都是利用工作或学习过程中的碎片化时间对所需商品进行浏览、挑选与购买的，由于工作或学习任务繁重，他们并没有太多的注意力与耐心长时间浏览商品信息，因此，在进行移动端店铺视觉设计时，设置能够快速传播的信息内容更能满足移动端消费者的需求。

受移动端载体的限制，店铺信息的呈现受限。如果信息量过多且不做取舍，会导致信息无法清晰、明确地加载与显示，这样消费者也很难读懂关键信息，不能快速找到自己想要看到的界面，就很有可能会选择离开。因此，对信息进行必要的精简化处理是让

消费者快速浏览与接收信息的关键。移动端与 PC 端的商品详情页对比如图 8-6 所示。

　　通过对比不难发现，移动端省去了对店铺中其他商品的展示，对商品详情页进行了简化，使消费者进入商品详情页后能够立刻浏览到与商品相关的信息，满足了消费者利用碎片化时间快速且愉快地浏览与购买商品的需求。

　　此外，控制文字信息的篇幅及文字的大小也是让信息在移动端清晰展示的方法之一。例如，对于一些宽幅轮播图片，如果不对图片中的文字进行适当的缩减，就无法使其很好地在移动端显示；又如，对于同一类文字信息，PC 端与移动端的显示效果会出现图 8-7 所示的区别。

移动端商品详情页　　　　　PC 端商品详情页

图 8-6　移动端与 PC 端的商品详情页对比

移动端的文字信息较为模糊，虽然界面整体设计感较强，显得较为精致，但消费者不能很好地阅读界面中的文字信息，其营销效果会被削弱。因此，在设计移动端界面时，不能一味地追求美观，还要通过文字内容的精简与尺寸的变化保证信息能被消费者快速接收

PC 端展示的文字信息　　　　　移动端展示的文字信息

图 8-7　PC 端与移动端展示的文字信息比较

在移动端，卖家需要明确所要展示的主要信息，并从中提炼出关键信息，让消费者既看清关键信息，又能快速理解信息。

　　其实，移动端的文字信息可以尽量简化，多利用图片来表现。毕竟如今是"读图"时代，且移动端消费者浏览与购物的时间有限，图片成为能让他们快速、清晰地读取信息的重要途径，也只有被图片吸引后，他们才会有兴趣阅读界面中的部分文字。

在图 8-8 所示的移动端商品详情页中，开端使用了大篇幅的文字来说明连衣裙的参数信息与尺码表，但消费者可能并不会注意到这些信息，因为他们更习惯或者更愿意"读图"。相较于纯文字，图文结合的方式通常显得更加直观、清晰，也能满足消费者快速浏览与阅读的需求，如图 8-9 所示。

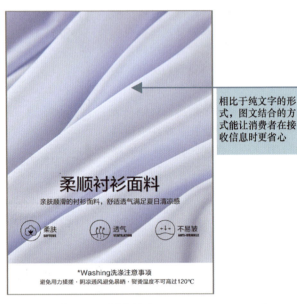

相比于纯文字的形式，图文结合的方式能让消费者在接收信息时更省心

图 8-8　大量的文字信息　　　　图 8-9　图文结合

二、简单方便的操作与交互

在进行移动端店铺视觉设计时，有的卖家会直接套用 PC 端的设计，他们认为消费者可以通过滑动屏幕来对界面进行放大，从而能清楚地浏览界面中的信息，如图 8-10 所示。

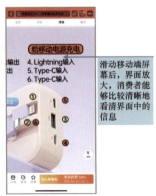

未缩放，正常显示尺寸的商品详情页。受手机屏幕尺寸的限制，界面中的信息不能清晰地展示在消费者面前

滑动移动端屏幕后，界面放大，消费者能够比较清晰地看清界面中的信息

图 8-10　界面的缩放设计

　　这样的设计方式看似解决了界面中信息过多而不能清晰显示的问题，但在一定程度上增加了消费者的操作负担，如图 8-11 所示。

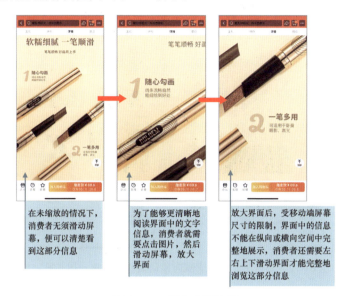

在未缩放的情况下，消费者无须滑动屏幕，便可以清楚看到这部分信息

为了能够更清晰地阅读界面中的文字信息，消费者就需要点击图片，然后滑动屏幕，放大界面

放大界面后，受移动端屏幕尺寸的限制，界面中的信息不能在纵向或横向空间中完整地展示，消费者还需要左右上下滑动界面才能完整地浏览这部分信息

图 8-11　操作步骤较多

　　通过上述操作，消费者确实可以看清界面中的信息，但这一系列操作会花费消费者过多的精力与时间，让消费者无法一心一意购物，频繁的操作与交互设计很可能会给消费者带来困惑与苦恼，让他们最终失去浏览的耐心。

　　相比之下，无须进行缩放操作，只需伸出手指执行单一操作便可以进行信息的浏览的方式更容易被消费者所接受。因此，在进行移动端店铺视觉设计时，要简化一切不必要的设计，避免因多余的操作而影响消费者购买，这也是促进移动端店铺商品销量增加的有效手段之一。

＼ 三、整体设计风格首尾呼应

　　店铺整体的设计风格需要做到首尾呼应，否则店铺形象的不鲜明感会给消费者带来视觉上的混乱体验，也无法让消费者对店铺形成视觉记忆。

　　例如，鸿星尔克童装旗舰店移动端首页的第一屏和第二屏如图 8-12 所示，该店铺为了配合夏日清凉节活动，采用了符合活动气氛的设计风格，并且，该设计风格也没有脱离店铺品牌风格，并与商品形象较为贴切。

＼ 四、保持色彩的鲜明感

　　移动端屏幕的尺寸有限，这使移动端店铺的展示面积相对较小。因此，在移动端店铺视觉设计中，色彩要有鲜明感。与 PC 端经常使用深色系的色彩来表现品牌的高档次不同，移动端的显示范围相对集中，过于暗沉的色彩会引起消费者感官的不适，这也是移动端淘宝统一采用灰色作为店铺模板背景色的原因。

图 8-12　鸿星尔克童装旗舰店移动端首页的第一屏和第二屏

在进行移动端店铺视觉设计时，最好采用较为鲜亮的色彩，因为这样既能给消费者带来较好的浏览体验，又能与移动端淘宝所提供的背景相融合，让店铺的整体设计风格更加统一与完整。

某店铺的移动端首页如图 8-13 所示，首页的前几屏大面积地采用蓝色作为图片的背景色，使蓝色成为店铺视觉设计的主色。而在首页的后几屏中，商品图片中既有用浅色底图的，也有用深色底图的，参差不齐，它们又都被放在手机淘宝所提供的灰色背景中，不能很好地与首页前几屏呈现的鲜明色调相协调，显得前后风格不一致，店铺视觉设计也失去了完整性。

图 8-13　某店铺的移动端首页

　　利用碎片化时间来进行商品购买的移动端消费者往往希望在浏览与购买过程中获得轻松感与自在感，而深色系色彩容易给消费者带来沉重感；相反，较为鲜明与惹眼的色彩则能让消费者获得轻阅读的体验，如图 8-14 所示。

图 8-14　两种色彩对比

　　鲜明的色彩不一定是鲜艳的高纯度色彩，也可以是低纯度但明度较高的色彩。相对于暗沉的色彩而言，这些色彩更加引人注目，能够获得消费者较高的关注度，也较容易吸引他们的眼球，激发他们的购买冲动，如图 8-15 所示。

图 8-15　高纯度色彩与高明度色彩

↘ 五、保持常换常新

移动端店铺的大部分消费者具有年轻、时尚的特点。除了希望能够快速、便捷地达到购物目的外，他们也容易接受新事物，追求刺激、新鲜感，而且充满好奇心。

移动端店铺视觉设计保持常换常新的状态，不仅能够满足这部分消费者对新奇事物的追求，也不会让店铺看起来像是无人运营一样。当然，这一切是建立在店铺品牌设计风格不变的基础之上的。

例如，在华味亨旗舰店的移动端首页中，轮播图片并非长久不变，而是会随活动的变化而变化，如图 8-16 所示。卖家及时更新轮播图片，可以让消费者快速了解到店铺的最新活动，也能让消费者更加方便地参与活动。这种常换常新的方式，不仅能给消费者带来视觉上的新鲜感，还能让他们获得良好的消费体验。

在"6·18大促"活动期间，店铺首页展示了与"6·18大促"活动相关的内容

图 8-16　华味亨旗舰店"6·18 大促"活动轮播图片

虽然该店铺保持常换常新，但其更换的图片或店铺的设计风格没有"越界"，都与店铺所树立的品牌形象相契合。

虽然图片中所表现的内容不一样，但无论是图片的布局还是字体的使用、装饰图形的添加，都体现了统一的设计风格，迎合了店铺的品牌形象。

任务三　电子数码类商品店铺首页案例解析

在对移动端店铺进行视觉设计时，卖家应注意保持色彩的鲜明感，因为消费者利用碎片化的时间进行购物时，往往希望获得放松感，而过于沉闷的色彩搭配无法让消费者达到这一目的。

这并不意味着移动端店铺的视觉设计只能采用明亮的色彩，实际上卖家也可以使用一些较为暗沉的色彩。例如，对于一些经营电子数码类商品的店铺而言，其所销售的商品具有较浓的科技感与炫酷感，而这也可以成为店铺品牌的定位。因此，店铺可以采用象征深沉与神秘的黑色作为店铺首页的主色，从而突出商品与品牌所具备的科技特性，如图 8-17 所示。

图 8-17　电子数码类商品店铺首页

该店铺主要销售相机、摄像机和相机配件等产品，所以在店铺首页中大面积使用了黑色。黑色可以使店铺首页显得炫酷，而且在以黑色为主色的界面中使用了红色，可以形成强烈的色彩对比，使红色标签在黑色背景中显得更加醒目。

虽然该店铺首页整体呈现为暗色调，但是如果通过色彩的搭配能够制造出鲜亮与醒目的视觉效果，那么消费者也能感受到店铺首页中信息的主次关系，并从中获取所需的信息。因此，卖家可以通过添加一些能够为消费者带来明亮视觉感受的色彩来调整首页的整体视觉效果，进而达到促进消费的目的，如图 8-18 所示。

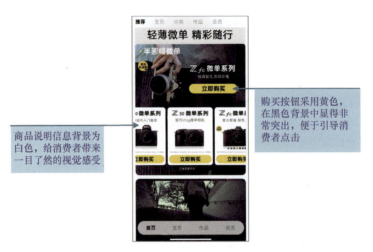

商品说明信息背景为白色，给消费者带来一目了然的视觉感受

购买按钮采用黄色，在黑色背景中显得非常突出，便于引导消费者点击

图 8-18　添加明亮的色彩

项目实训

图 8-19 所示为蒙牛奶粉旗舰店的移动端首页和商品详情页。请分析蒙牛奶粉旗舰店的框架结构是否合理，并分析其视觉设计特色。

图 8-19　蒙牛奶粉旗舰店的移动端首页和商品详情页

项目九
移动端店铺优化设计

➡️ **知识目标**

- 掌握移动端店铺首页优化设计的方法。
- 掌握移动端店铺商品详情页优化设计的方法。
- 掌握移动端店铺首页的设计流程与方法。

➡️ **能力目标**

- 能够设计移动端店铺首页。
- 能够设计移动端店铺商品详情页。

➡️ **素养目标**

- 遵守诚实信用原则，让消费者放心消费。
- 勿墨守成规，做好不同平台的适配调整工作。

  越来越多的消费者选择通过移动端店铺进行购物，是因为移动端店铺所具备的特点能给消费者带来很好的消费体验，但这些特点并不足以让消费者决定购买，所以卖家还需要对店铺进行个性化且更为具体的设计，对店铺的各个细节进行优化，营造出良好的销售氛围，从而吸引消费者并促使他们产生购买行为。

任务一　移动端店铺首页优化设计

在设计移动端店铺首页之前，先要考虑放置哪些商品图片，尤其是针对移动端这种具有碎片化特性的平台，放置能够吸引消费者眼球的商品图片是留住消费者的关键。

移动端店铺首页设计的逻辑关系如图9-1所示。

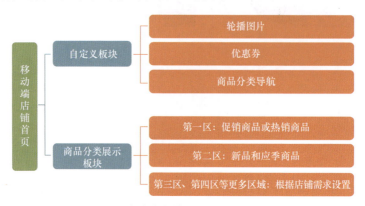

图9-1　移动端店铺首页设计的逻辑关系

↘ 一、自定义板块

1. 轮播图片

轮播图片也称焦点图，通常被放在店铺的首焦页面，也就是第一屏中能被消费者快速看到的位置。通常情况下，轮播图片中会包含店铺上新活动通知、促销活动展示等内容，如图9-2所示。内容尽量简洁，文字表现清晰，主次分明且能实现快速传播，是轮播图片设计的要点。

此外，卖家在设计时也要注意控制好轮播图片的数量。一般来说，2～4张轮播图片较为合适，超过4张的轮播图片会使消费者花费过多的时间，甚至让其失去浏览的耐心。

同时，既然是轮播图片，那么肯定有展示的先后顺序。在设计时，卖

图9-2　轮播图片

家可以根据店铺活动的重要程度对轮播图片的位置进行相应的调整。图 9-3 所示的移动端店铺轮播图片都是为了某活动设计的，其中，第一张是"第 2 件半价"活动海报，更符合大多数消费者对促销活动的偏好，因此被放在前面。

2. 优惠券

优惠券是用于吸引消费者的一种重要的促销手段，所以通常情况下会被放在店铺首页的开端位置，这样可以在第一时间吸引消费者的关注，并让消费者产生进店购买的欲望。因为每个人都希望自己所购

图 9-3　确定轮播图片的先后顺序

买的商品是物美价廉的，所以在同一类商品中可以使用优惠券的商品对于消费者而言更具有诱惑力。

在进行视觉设计时，通常都是将优惠券放在店招或轮播图片的下方，并留出足够的空间，使用较为鲜明的色彩，以便让消费者能够注意到优惠券。只有这样优惠券才能真正发挥其引流与促进转化的作用。

优惠券设计示例如图 9-4 所示，蓝色与橙色的搭配能让优惠券板块在店铺首页十分突出，也足以引起消费者的注意。

不合理的色彩搭配有时会让优惠券"淹没"在各种视觉元素的冲击之中。在图 9-5 中，优惠券底图的色彩较为鲜亮，相对而言，优惠券上的文字则显得不够明显与突出。

图 9-4　优惠券设计示例

图 9-5　不合理的色彩搭配

店铺中的某些优惠活动也可以被设计成优惠券的形式。卖家还为有的优惠活动设计了优惠券按钮，如图 9-6 所示，让消费者更有互动感。消费者在领取优惠券以后，往往会产生"有优惠券不用多可惜"的想法。如果没有优惠券，消费者对活动的参与兴趣一般就会降低。

在优惠券上添加"立即领取"之类的按钮，可以在一定程度上影响消费者的点击行为，相对于没有明显按钮引导的优惠券，有按钮引导的优惠券更容易被消费者领取。

图 9-6　优惠券按钮

3. 商品分类导航

通常情况下，在移动端店铺首页中，在轮播图片或优惠券后，便会出现商品分类导航。在设计这个板块时，要注意控制好显示尺寸与比例，使其能够清晰、完整地展示在消费者面前，从而能够起到快速导航的作用，如图 9-7 所示。

商品分类按钮足够明显，且分为两行的设计让分类信息能够完整地展示在消费者面前，消费者可以快速了解店铺中商品的分类情况

图 9-7　商品分类导航

二、商品分类展示板块

在商品分类导航之后，便会出现商品分类展示板块。与 PC 端店铺首页一致，该板块会被分为几个区域。但与 PC 端有足够的空间来装饰与美化商品分类展示板块不同，移动端店铺为了迎合消费者购物方便、快捷的心理，应将该板块设计得尽量简洁，并在第一时间展示商品图片，如图 9-8 所示。

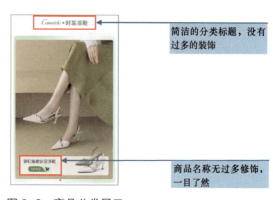

简洁的分类标题，没有过多的装饰

商品名称无过多修饰，一目了然

图 9-8　商品分类展示

1. 第一区：促销商品或热销商品

通常情况下，移动端店铺首页商品分类展示会呈现促销商品或热销商品的图片，卖家将全店最优惠或最受欢迎的商品放在第一区，以促进移动端店铺商品的销售，如图 9-9 所示。

图 9-9　促销商品和热销商品展示

2. 第二区：新品和应季商品

移动端与 PC 端的对比数据表明，就新品的受欢迎程度而言，移动端的表现要比 PC端好，且移动端的季节性营销效果较为明显。也就是说，移动端的消费者更关注店铺新品和应季商品的发布，所以设计人员可以在商品分类展示的第二区中对新品和应季商品进行展示，如图 9-10 所示。

图 9-10　新品和应季商品展示

3. 第三区、第四区等更多区域：根据店铺需求设置

除了上述的第一区与第二区外，还有第三区、第四区等更多区域。在这些区域中设计人员可以根据店铺需求放置不同的商品，如设置"店长推荐"区域，如图 9-11 所示。注意，分区不宜过多，因为过多的分区会导致消费者长时间滑动界面，这很可能会使他们失去浏览的耐心。

在店铺首页商品分类展示第三区中，对店长推荐的商品进行展示，这类商品如同实体店中常会出现的贴有"店长推荐"标签的商品，通常属于热销商品或是"镇店之宝"，对消费者具有一定的吸引力

图 9-11 "店长推荐"区域

需要强调的是，商品分类展示的每一区中的商品图片不宜过多，因为移动端的屏幕较窄，对商品图片进行横向组合时要确保消费者能看清、看全。简洁、整齐的图片排列能让移动端的消费者获得更好的浏览与购物体验。

任务二　移动端店铺商品详情页优化设计

移动端店铺的商品详情页与 PC 端店铺的商品详情页有着大致相同的设计思路，但在借鉴 PC 端店铺商品详情页设计的基础上，卖家要注意结合移动端的特点，控制好文字的尺寸与叙述的简洁程度。否则过小、过密的文字会导致移动端的消费者不能很好地接收商品信息，从而造成流量的流失。下面将详细介绍移动端店铺商品详情页的优化设计方法。

↘ 一、商品详情页设计的FABE原则

简单来说，FABE 原则是一种通过 4 个关键环节来满足消费者诉求，并巧妙地处理好消费者关心的问题，从而顺利实现商品销售的设计原则，具体表现为图 9-12 所示的 4 个方面。

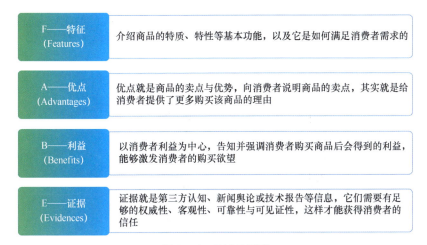

F——特征 (Features)	介绍商品的特质、特性等基本功能，以及它是如何满足消费者需求的
A——优点 (Advantages)	优点就是商品的卖点与优势，向消费者说明商品的卖点，其实就是给消费者提供了更多购买该商品的理由
B——利益 (Benefits)	以消费者利益为中心，告知并强调消费者购买商品后会得到的利益，能够激发消费者的购买欲望
E——证据 (Evidences)	证据就是第三方认知、新闻舆论或技术报告等信息，它们需要有足够的权威性、客观性、可靠性与可见证性，这样才能获得消费者的信任

图 9-12　FABE 原则

FABE 原则表明，针对消费者不同的购买动机，将最符合消费者需求与利益的商品推荐给他们，是最关键、最精准、最有效的商品推销方法。在商品详情页的设计中，设计人员可以参照这样的思路让对商品的描述更具诱惑力与说服力。

商品详情页中对商品的描述相当于实体店中推销员的介绍，过于死板的描述就像是推销员的服务态度过于生硬一样，会让消费者感到不适，从而早早关闭界面。因此，在 FABE 原则的指导下，商品详情页设计需满足以下 6 点要求，如图 9-13 所示，使对商品的描述更加匹配网络销售环境，从而增强消费者的购买意愿。

图 9-13　商品详情页设计需满足的 6 点要求

1. 真实感

在实体店中，消费者可以亲身感受到商品的真实情况，而网购时，消费者通常只能通过浏览图片来了解商品。因此，卖家需要模拟实体店的购物模式，呈现商品的真实感，才能让消费者更加放心地进行购买。同时，卖家还要保证商品信息描述的真实性，只有这样才能形成好口碑，积累回头客。

因此，在对商品特点进行介绍时，卖家应从不同的角度展现商品的原貌，并添加细节说明，更为真实与全面地将商品呈现在消费者面前，给其带来如同商品实实在在地呈现在眼前般的网购体验，如图 9-14 所示。

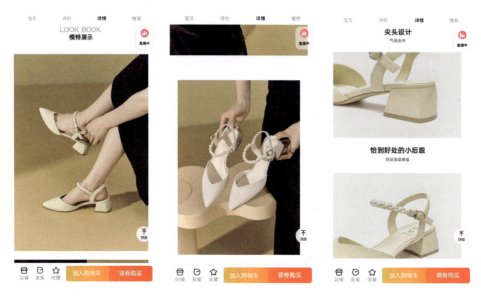

图 9-14　商品展示细节图

2. 逻辑感

在进行商品详情页的设计时，卖家还要注重描述的逻辑性。卖家应将商品消费者最想看到的信息放在商品详情页顶端，并以此为依据确定商品详情页中信息的先后顺序，最终形成视觉漏斗模型中所呈现的逻辑关系。

视觉漏斗模型中所呈现的逻辑关系其实就是 FABE 原则所体现的逻辑顺序。通过介绍商品的特征、说明商品的优点、告知商品能给消费者带来的利益、给出证明商品质量的证据这 4 个步骤，在层层说明中逐步打消消费者的购买顾虑，增强其购买欲望，并促使其完成下单。

总之，在设计商品详情页时，卖家除了需要注意描述本身语句的逻辑性，为消费者清晰、明确地介绍商品外，还要在商品详情页中体现具有营销效应的描述逻辑——让消费者先看到其想看的信息，抓住消费者的眼球，使其停留，然后添加有助于促进商品销售的各类信息，从而增强消费者的购买欲望。

3. 亲切感

充满亲切感的图片设计与文字描述能够营造出一种轻松、愉快的购物氛围，拉近消费者与卖家之间的心理距离。这就像是有一名温和而又有耐心的推销员，其亲切的服务态度能让消费者放下戒备。采用漫画形式的图片设计如图 9-15 所示，会让消费者感到很有亲和力。除此之外，添加更为贴心的服务项目与信息说明也能让消费者感到暖心与亲切。

无论是结合商品特点添加漫画还是直接采用漫画的表现形式，都能让商品详情页变得更加有趣、生动，让消费者感到亲切

图 9-15　漫画形式的图片设计

4. 对话感

作为虚拟的"推销员"，商品描述要具有对话感，这样不仅能够解答消费者的疑问，还能让消费者获得身临其境的购物体验，在其深入感受商品的同时提高购买的可能性，如图 9-16 所示。

5. 氛围感

消费者在无形之中或多或少地会有"凑热闹"的心理，看到某件商品有很多人购买便想点击浏览甚至跟风购买，这一现象对于冲动型消费者来说尤其明显。因此，卖家在设计商品详情页时，需要营造出很多人都在购买的氛围，促使消费者产生购买冲动。

6. 正规感

正规与规范能够带来信赖感与可靠感，所以卖家在商品详情页中可以添加各种认证证书等能够证明商品的正规性的信息，如图 9-17 所示。

二、商品详情页的设计误区

在设计商品详情页时，要注意避免以下几个误区。

1. 密密麻麻的文字说明

卖家根据自己的定义、感悟对店铺中的服务与商品等信息做出原创说明，能让消费者更加真切地了解商品。需要注意的是，这些文字说明不宜密密麻麻的，否则很可能让消费者失去阅读的耐心，如图 9-18 所示。

图 9-16 具有对话感的商品描述　　　图 9-17 添加认证证书

据研究机构统计，消费者对商品详情页中70%的文字信息是不会仔细阅读的，尤其是"拥挤"的文字（会在视觉上引发消费者的畏惧感）

图 9-18 密密麻麻的文字说明

　　因此，卖家在设计商品详情页时，要让文字说明显得主次分明且富有节奏感，在突出重点信息的同时进行适当的变化，以减轻消费者的阅读负担。

2. 过度进行海报宣传

　　在进行商品详情页的设计时，设计人员可能会想："海报的使用能产生一定的视觉震撼效果，足够吸引消费者的注意力，我要多用几张海报。"然而这样做是不恰当的，因为消费者会认为："全是海报，太夸张了，我更想看到真实的商品。"图 9-19 所展示的是围绕商品详情页海报的使用开展的消费者网购体验调研情况。

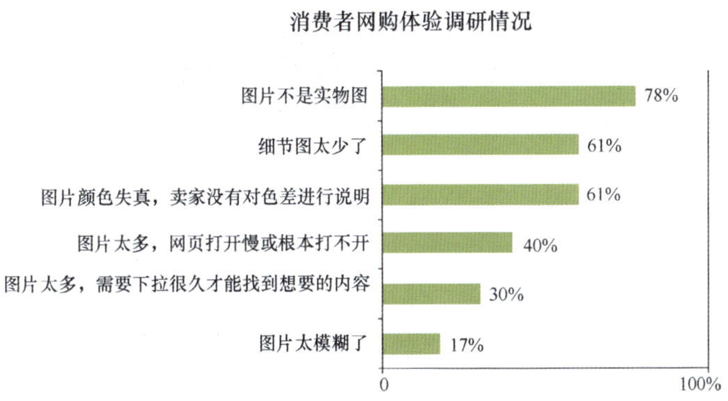

消费者网购体验调研情况
图片不是实物图
78%
细节图太少了
61%
图片颜色失真，卖家没有对色差进行说明
61%
图片太多，网页打开慢或根本打不开
40%
图片太多，需要下拉很久才能找到想要的内容
30%
图片太模糊了
17%
0
100%

图 9–19　消费者网购体验调研情况

在商品详情页中插入海报确实具有一定的视觉优化效果，但大量使用海报不能很好地展示出商品的真实感。

卖家在设计商品详情页时，可以在顶端采用海报进行铺垫，使消费者有进一步浏览的兴趣，之后添加更为真实的商品图片，让消费者可以身临其境地感受与了解商品，如图 9–20 所示。

当然，也有一些特殊的商品是需要通过海报来表现的，如家电类产品。一般来说，对于需要展示款式、面料等信息的商品，真实的商品图片往往比海报更重要。

LOOK
加入购物车
立即购买
LOOK
加入购物车
立即购买

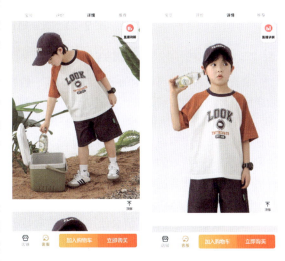

图 9–20　商品实拍图

3. 不控制商品图片与关联销售商品图片的数量

在进行商品详情页设计时，设计人员可能会想：“消费者好不容易才进入这个页面，我要好好利用这来之不易的流量，多展示些商品图片和关联销售商品的图片，以增加店铺中其他商品被发现的可能。”然而这样做是不恰当的，因为消费者会想：“图片好多啊，怎么还有这么多其他商品的介绍？看不下去了，我要离开。”对消费者的调研表明：过多的图片及与商品内容无关的信息是消费者很不喜欢的视觉元素。因此，卖家要控制好商品图片数量，以便更好地留住消费者。

如果卖家在商品详情页中插入了过多的关联商品图片，消费者便无法及时看到对自己有价值的当前商品的信息，消费者很可能会因为急于寻找自己所需的商品信息而忽略对这部分内容的浏览。一般来说，关联商品图片数量为 3 ～ 6 张较合适，如图 9–21 所示。

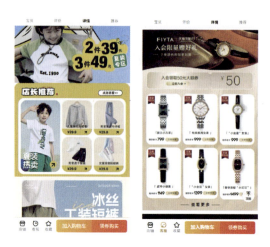

图 9-21 关联销售商品

↘ 三、根据消费者的界面平均停留时间设计

消费者在移动端界面中的平均停留时间一般较短，所以设计人员在设计移动端的商品详情页时，必须做到简单、直截了当。

在 PC 端商品详情页的开端可能会呈现"新品推荐""搭配套餐"等信息，但这些信息在移动端显得不那么实用。在移动端，设计人员必须在前三屏中对商品的卖点和其他重要信息进行清晰的描述。因为过于烦琐的关联信息可能需要占用好几屏的空间，每占用一屏的空间便会使消费者多进行一次滑动操作，并且消费者还有可能看不到与当前商品相关的信息，从而失去对当前商品的购买兴趣。

图 9-22 所示的商品详情页使用前两屏来展示促销活动、热卖推荐和搭配推荐，第三屏才是商品详情说明，此时消费者很可能已经失去浏览的耐心，并且促销活动的文字也不够精简，无法吸引消费者认真地了解活动内容。

图 9-22 关联信息烦琐

任务三　女装店铺移动端首页设计案例实操

下面将结合前面所讲的内容为某女装店铺设计移动端首页，设计内容包括轮播图片、优惠券、商品分类导航、商品分类展示等。要求设计的首页能够快速吸引消费者、提高转化率并优化消费者体验，最终效果如图 9-23 所示。

女装店铺移动端首页设计案例实操

图 9-23　女装店铺移动端首页

步骤 01 运行 Photoshop CS6 软件，选择"文件"|"新建"命令，在弹出的"新建"对话框中设置各项参数，然后单击"确定"按钮，如图 9-24 所示。打开"背景1"素材文件，将其拖入图像窗口中，如图 9-25 所示。

图 9-24　新建文档

图 9-25　添加素材文件

143

步骤 02 选择圆角矩形工具■，在其工具属性栏中将"半径"设置为"100像素"，绘制一个圆角矩形，如图9-26所示。打开"产品1"素材文件，将其拖入图像窗口中，并适当调整其大小，按【Ctrl+Alt+G】组合键创建剪贴蒙版，如图9-27所示。

图9-26　绘制圆角矩形并设置参数　　图9-27　添加素材文件并创建剪贴蒙版

步骤 03 选择圆角矩形工具■，绘制两个圆角矩形，在其工具属性栏中设置各项参数，其中将渐变色设置为RGB（200、238、155）到RGB（240、253、158），如图9-28所示。

图9-28　绘制圆角矩形并设置参数

步骤 04 选择横排文字工具■，输入相应的文字，在"字符"面板中设置各项参数，如图9-29所示。

图9-29　输入文字并设置参数

步骤 05 按【Ctrl+J】组合键复制"SPRING"图层，按【Ctrl+T】组合键调出变换框并单击鼠标右键，选择"旋转90°（顺时针）"命令，然后调整文本的大小，效果如图9-30所示。单击"图层"面板下方的"添加图层样式"按钮■，在弹出的下拉菜单中选择"描边"选项，弹出"图层样式"对话框，设置各项参数，其中将颜色设置为RGB（200、237、163），然后单击"确定"按钮，如图9-31所示。

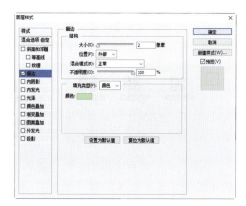

图 9-30　复制并旋转文本　　　　图 9-31　添加"描边"图层样式

步骤 06　在"图层"面板中将"填充"参数设置为"0%"，效果如图9-32所示。打开"标签"和"星形1"素材文件，将其拖入图像窗口中，按【Ctrl+J】组合键复制"星形1"素材并适当调整其大小和位置，如图9-33所示。

图 9-32　设置"填充"　　　　　图 9-33　添加素材文件

步骤 07　制作优惠券区。选择圆角矩形工具 ▢，绘制一个圆角矩形。导入"背景2"素材文件，按【Ctrl+Alt+G】组合键创建剪贴蒙版，如图9-34所示。继续绘制一个圆角矩形，选择横排文字工具 T，输入优惠券文字，在"字符"面板中设置各项参数，如图9-35所示。

图 9-34　添加素材文件　　　　图 9-35　输入优惠券文字并设置参数
　　　　并创建剪贴蒙版

步骤 08 选择所有优惠券图层，按【Ctrl+G】组合键将图层编组，然后按【Ctrl+J】组合键复制图层组，分别将它们向右移动，并修改优惠券内容，如图9-36所示。导入"购物车1"素材文件，使用横排文字工具 **T** 输入标题、促销活动等文字，通过圆角矩形工具 ▢、椭圆工具 ⬭ 和直线工具 ／ 等为优惠券区添加装饰图形，如图9-37所示。

图 9-36　修改优惠券内容　　图 9-37　添加文字及装饰图形

步骤 09 制作商品分类导航区。将"背景2"和"分类"素材导入图像窗口中，如图9-38所示。选择圆角矩形工具 ▢，绘制两个圆角矩形，按【Ctrl+Alt+G】组合键创建剪贴蒙版，效果如图9-39所示。

图 9-38　添加素材文件　　　图 9-39　绘制圆角矩形并创建剪贴蒙版

步骤 10 选择横排文字工具 **T**，输入标题和分类文字，在"字符"面板中设置各项参数，如图9-40所示。

图 9-40　输入文字并设置各项参数

步骤 11 选择椭圆工具 ⬭，在其工具属性栏中设置各项参数，绘制一个椭圆形，按【Ctrl+T】组合键调出变换框旋转图形，效果如图9-41所示。选择矩形选框工具 ▢，在椭圆形上绘制一个矩形选区，按住【Alt】键的同时单击"添加图层蒙版"按钮 ◻，然后将"星形2"素材导入图像窗口中，如图9-42所示。

146

图 9-41　绘制椭圆形　　　　　　图 9-42　添加图层蒙版

步骤 12 制作新品促销区。选择所有标题图层，按【Ctrl+G】组合键将图层编组，按【Ctrl+J】组合键复制图层组并修改标题内容，然后选择圆角矩形工具 ，绘制一个圆角矩形，如图9-43所示。将"产品2"素材导入图像窗口中，按【Ctrl+Alt+G】组合键创建剪贴蒙版，如图9-44所示。

图 9-43　复制图层组
并绘制圆角矩形　　　　　　图 9-44　创建剪贴蒙版

步骤 13 导入"购物车2"素材文件，使用横排文字工具 **T** 输入促销文字，然后使用圆角矩形工具 ■ 和椭圆工具 ⬭ 制作出具有设计感的促销介绍与购买按钮，如图9-45所示。

图 9-45　添加文字及装饰图形

步骤 14 制作店长推荐区。复制"标题"图层组，并修改标题内容。选择圆角矩形工具 ■，绘制一个圆角矩形，将"背景1"素材导入图像窗口中，按【Ctrl+Alt+G】组合键创建剪贴蒙版，如图9-46所示。采用同样的方法，继续绘制3个圆角矩形，然后在其工具属性栏中设置各项参数，如图9-47所示。

图9-46　创建剪贴蒙版　　　　　图9-47　绘制圆角矩形并设置参数

步骤 15 选择横排文字工具 **T**，输入相应的文字，在"字符"面板中设置各项参数，然后选择圆角矩形工具 ▢，绘制一个黑色圆角矩形，如图9-48所示。

图9-48　输入文字并绘制圆角矩形

步骤 16 打开"百度AI图片助手"页面，单击"上传图片"按钮，打开"产品3"素材文件，在页面右侧单击"变清晰"按钮 HD，如图9-49所示。

图9-49　单击"变清晰"按钮

步骤 17 在页面右侧单击"AI扩图"按钮 ▦，选择合适的拓展比例，在此选择"4：3"，单击"立即生成"按钮，然后单击"下载"按钮下载图片，如图9-50所示。

步骤 18 采用同样的方法，继续编辑其他产品素材。打开Photoshop CS6软件，将刚刚拓展好的"产品3"素材文件导入图像窗口中，按【Ctrl+Alt+G】组合键创建剪贴蒙版，如图9-51所示。选择所有产品图层，按【Ctrl+G】组合键将图层编组，按【Ctrl+J】组合键复制图层组，然后替换其他素材文件并修改文案内容，如图9-52所示。

图 9-50　单击"AI 扩图"按钮

图 9-51　添加素材文件并创建剪贴蒙版　　图 9-52　复制图层组并修改内容

项目实训

打开"素材文件\项目九\项目实训"文件夹，利用其中的素材文件，为某美食类店铺设计一个移动端首页，如图 9-53 所示。

项目实训

图 9-53　某美食类店铺移动端首页

操作提示： 使用美图秀秀软件抠取商品素材，在海报上添加背景、文字和装饰素材，使用圆角矩形工具制作板块背景和购买按钮，使用横排文字工具输入标题、商品名称、价格等信息。

项目十
直播间视觉设计

→ 知识目标

- 了解直播间画面构图。
- 掌握直播封面图设计原则。
- 掌握直播间装修的技巧。

→ 能力目标

- 能够根据需要设计直播封面图。
- 能够对直播间背景和贴片进行视觉设计。

→ 素养目标

- 抵制低俗文化，用直播封面图传播美好生活。
- 树立版权意识，在进行视觉设计时具备原创精神。

　　在新媒体时代，直播已成为连接品牌与观众、促进商品销售、增强互动的重要渠道。而直播间视觉设计，作为观众对直播间第一印象的塑造者，其重要性不言而喻。一个精心设计的直播间不仅能够吸引观众的注意力，提升观看体验，还能有效传达品牌调性，增强观众的信任感，提高直播间销售转化率。

任务一 直播间画面构图

直播间画面包括直播间信息（如直播间账号名称、直播场观数据等）、直播间背景、主播形象、商品样品、贴片信息、观众评论区、购物车等元素。对这些元素的科学排列与组合，不仅可以实现视觉层面的和谐美观，营造吸引观众的沉浸式氛围，还能有效引导信息流向，确保将关键信息（如优惠活动、商品特性等）直观、高效地传达给目标观众。

直播间画面主要可以分为直播间身份区、内容展示区和互动引导区 3 个部分，如图 10-1 所示。

图 10-1　直播间画面

1. 直播间身份区

（1）直播间账号名称：清晰展示直播间的官方或个性化名称，帮助观众快速识别。

（2）直播间 ID 或编号：部分平台会展示直播间的唯一识别码，用于技术支持或数据分析。

（3）直播间标签或分类：说明直播内容的主题或领域，帮助观众快速筛选感兴趣的直播间。

（4）实时观看人数：反映直播间的热度和人气，增加观众的参与感和归属感。

（5）直播间排名或热度值：部分平台会根据一定算法对直播间进行排名，显示直播间的受欢迎程度。

2. 内容展示区

（1）直播间背景：直播间画面的背景，可以是静态图片、动态视频或虚拟场景，用于营造特定的氛围或展示品牌元素。

（2）主播形象：主播的实时画面，是直播内容的核心组成部分。

（3）贴片信息：在直播画面边缘或特定位置展示的广告或宣传信息，如"满减优惠""买一送一"等，用于吸引观众关注并下单购买。

（4）福袋、红包或优惠券：在直播间画面中设置醒目的福袋、红包或优惠券，并标注"点击参与""领取福利"等文字，如图 10-2 所示；同时，可以加入倒计时元素，增加观众的紧迫感与期待感，促使观众积极参与互动。

图 10-2　福袋和优惠券

（5）商品实物：在直播带货场景中，展示商品外观、功能、使用效果等，让观众更直观地了解商品信息。

（6）PPT、图片、视频等多媒体素材：用于辅助讲解或展示商品信息、品牌故事等。

3. 互动引导区

（1）点赞、分享、评论数：展示直播间的互动情况，鼓励观众参与互动。

（2）购物车或购买链接：提供便捷的购买入口，方便观众快速下单购买。

任务二 直播封面图设计

直播封面图是直播间的门面，可以提升观众的观看欲望，直播封面图的质量优劣是直播间流量高低的关键影响因素，这就要求直播封面图足够吸引人。据相关统计资料显示，精心设计了直播封面图的直播间，其流量要比使用默认的直播封面图的直播间多得多。

↘ 一、直播封面图尺寸要求

直播封面图不宜过大，也不能太小，保持清晰、美观很重要。表 10-1 所示为手机淘宝直播封面图尺寸要求。

表 10-1 手机淘宝直播封面图尺寸要求

应用场景	尺寸
手机淘宝直播频道关注页	宽高比为 1∶1，一般为 800 像素 ×800 像素，不能小于 500 像素 ×500 像素
手机淘宝直播频道精选页	宽高比为 3∶4
手机淘宝首页	宽高比为 9∶16

↘ 二、直播封面图设计原则

要想设计出优质的直播封面图，设计人员需要遵循以下原则。

1. 符合直播主题

直播封面图要符合直播主题，让观众一看就知道直播内容是什么，从而决定要不要进入直播间。例如，如果直播内容为在工厂实地看货，直播封面图可以选择工厂、车间等的实景图；如果主播选择在门店直播，直播封面图可以选择门店实拍图，如图 10-3 所示；如果主播要在直播间详细介绍商品，直播封面图最好不用模特或主播的人像图片，而应选择精美的商品细节图，如图 10-4 所示。

图 10-3 女装店直播封面图　　图 10-4 水果店直播封面图

另外，如果直播间没有名人参与直播，就不能使用名人肖像作为直播封面图；如果直播间有名人参与直播，可以使用名人肖像作为直播封面图，但要提供相关的肖像使用授权文件等。

2. 美观、清晰

直播封面图要保持美观、干净、整洁，除了官方提供的角标、贴图等带有促销元素的内容外，不要过多地添加文字和其他贴图，否则直播封面图会显得杂乱无章，影响观众的观看体验，导致观众在看到直播封面图的第一眼就不会选择进入直播间。

图 10-5 和图 10-6 所示的两张直播封面图干净、整洁、清晰，能够给人良好的视觉体验。

图 10-5　家电品牌直播封面图　　图 10-6　日化品牌直播封面图

3. 色彩适当

直播封面图的色彩要鲜艳，但不能过分华丽，只要能够体现直播主题即可。另外，由于直播封面的背景本身为白色，如果直播封面图的背景也为白色，就会导致直播封面图不够突出、醒目，如图 10-7 所示，很难吸引观众，因此直播封面图的背景一般不要设为白色。

图 10-7　白色背景的直播封面图

4. 禁用合成图

为了不影响整体的浏览体验，直播封面图应是一张自然、简洁的图片，避免使用图 10-8 所示的合成图。

图 10-8 使用合成图的直播封面图

5. 避免含有不当信息

不要使用过度修饰的照片、令人不适的图片、低俗图片或呈现模特不雅坐姿的图片等。一旦这样的图片被官方检测到,轻则会被要求重新设置直播封面图;重则会被封号。考虑到这一点,内衣等贴身衣物的直播封面图中一般不要出现任何人物元素,直接展示商品即可。

6. 不要雷同

如果直播次数频繁,不要在每一次直播中都使用同一张或极为相似的直播封面图,否则会让观众以为直播内容都是相同的,进而导致直播间的点击率降低。

三、使用AI制作直播封面图

使用 AI 制作
直播封面图

作为创新的图像处理与设计工具,美图设计室的"AI试衣"与"人像背景"功能极大地简化了服装展示图的制作流程,尤其适用于直播封面图的快速生成。下面将介绍如何利用这两个功能快速制作女式羽绒服直播封面图,如图10-9所示。

图 10-9 女式羽绒服直播封面图

步骤01 打开"美图设计室"网页并登录账号，在左侧单击"AI试衣"按钮，然后单击"上传服装图"按钮，如图10-10所示。

图 10-10　上传服装图

步骤02 打开"羽绒服"素材，根据羽绒服的风格与定位，在左侧选择合适的模特形象，然后单击"去生成"按钮，如图10-11所示。

图 10-11　选择合适的模特形象

步骤03 "美图设计室"能智能识别并适应模特身形，模拟真实的穿着效果。单击模特图，在弹出的对话框中单击"下载"按钮下载模特图，如图10-12所示。

图 10-12　下载模特图

步骤 04 在左侧单击"人像背景"按钮 ，上传模特图，将画面比例设置为"1∶1"，根据服装风格选择匹配的背景，在此选择雪景背景，然后在画布中调整模特大小和位置，单击"去生成"按钮，如图10-13所示。

图 10-13　选择匹配的背景并生成图片

步骤 05 得到AI生成的直播封面图，单击"下载"按钮，下载直播封面图，如图10-14所示。

图 10-14　下载直播封面图

任务三　直播间装修

精美的装修能使直播间立即吸引观众的注意力，其中，恰当的色彩搭配、布局规划、元素选择等都能给观众留下良好的第一印象，进而激发观众的观看兴趣。下面将以淘宝直播为例，详细介绍直播间背景与贴片的视觉设计技巧。

↘ 一、直播间背景视觉设计

直播间是主播与观众互动的直接场所，其装修风格能够直观反映主播或品牌的个性与定位。精美的装修可以塑造出独特的品牌形象，加深观众对主播或品牌的认知和记忆。

1. 直播间背景设计要点

直播间背景是构建直播空间的首要元素，精心设计的直播间背景能够瞬间抓住观众的眼球，为直播内容增色添彩。

在设计直播间背景时，需要注意以下几个要点。

（1）贴合主题

直播间背景要与直播内容的主题紧密相关，以维持整体风格的一致性。例如，美食博主可以选择厨房或美食图片作为直播间背景，而健身博主则可以选择运动器械或健身场景作为直播间背景。如果主播有自己的品牌，可以在直播间背景中融入品牌标识或品牌色彩，以提升品牌识别度。

（2）画面简洁

直播间背景应简洁明了，避免过于繁复，以免分散观众的注意力。色彩选择要慎重，要与直播内容和主播形象相符合。色彩搭配要协调，避免选择过于刺眼或沉闷的色彩。建议使用以浅色和纯色为主的色彩，如浅灰色、浅棕色、米白色等，以打造简洁、明亮的直播间背景，如图 10-15 所示。

图 10-15　简洁、明亮的直播间背景

（3）光线柔和

合理利用自然光并结合适宜的灯光，可以提高直播画面的质量。设计时，应避免直播画面过暗或过亮，确保光线柔和均匀。设计人员可以采用三点式布光法（包括主光、副光、轮廓光）来布光，以突出主播和背景，如图 10-16 所示。

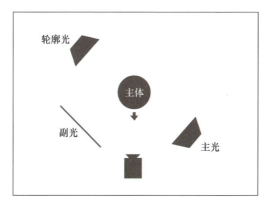

图 10-16　三点式布光法

（4）合理布局

摆放物件的高低和远近变化可以营造出丰富的视觉层次，使直播间背景看起来更加立体。确保背景中的元素布局整齐有序，直播间背景就不会显得拥挤或杂乱。同时，直播间背景设计要考虑主播在画面中的位置和比例关系，以便观众能够清晰地看到主播。

（5）定期更换

为了保持直播间的新鲜感和吸引力，可以定期对直播间背景进行更新和变换。这不仅可以满足观众的好奇心，还有利于匹配不同的直播主题和活动。

2. 设置直播间背景

设置直播间背景

淘宝直播工作台的"AI装修"是一个辅助绿幕直播间的新功能，可以帮助主播轻松实现专业级的直播间装修，提高直播效率并增强观众的观看体验。下面将介绍如何使用淘宝直播工作台设置直播间背景。

步骤 01 打开淘宝直播工作台，在直播界面下方单击"创建场次"按钮，如图10-17所示。在弹出的"场次管理"对话框中单击"上传图片"按钮，如图10-18所示。

图 10-17　单击"创建场次"按钮

图 10-18　单击"上传图片"按钮

步骤 **02** 上传"羽绒服模特"素材，输入"直播标题"，设置"直播时间""频道栏目""直播间类型"等选项，然后单击"创建直播"按钮，如图10-19所示。

图 10-19　设置直播信息

步骤 **03** 返回直播界面，单击"图片"按钮，添加"背景"素材，然后调整素材大小和位置，如图10-20所示。单击"添加元素"按钮 ✚，采用同样的方法添加"促销背景"素材，如图10-21所示。

图 10-20　添加"背景"素材

图 10-21　添加"促销背景"素材

步骤 04 除此之外，还可以使用"AI装修"功能快速生成装修方案。打开"直播装修市场"页面，单击"AI装修"选项卡，如图10-22所示。进入"AI装修"页面，选择需要的风格，然后单击页面左下角的"一键生成"按钮，如图10-23所示。

图 10-22 单击"AI 装修"选项卡

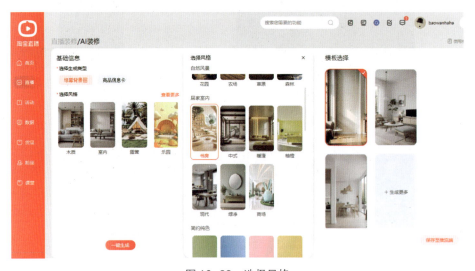

图 10-23 选择风格

步骤 05 打开淘宝直播工作台，在"直播工具"面板下方单击"AI装修"按钮，如图10-24所示。在打开的"AI装修"对话框中打开"AI装修开关"，然后选择合适的绿幕背景，单击"使用"按钮，如图10-25所示。

图 10-24　单击"AI 装修"按钮

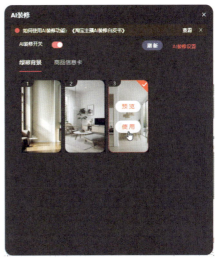

图 10-25　选择绿幕背景

步骤 06 在"普通模式"面板中调整"AI背景图片"的顺序，使其位于"背景"素材的上方，如图10-26所示。至此，完成直播间背景的制作。

图 10-26　调整"AI 背景图片"顺序

↘ 二、直播间贴片视觉设计

直播间贴片作为直播间内一个高效且固定的信息展示区域，其设计旨在优化信息传递流程，确保关键信息（如商品详情、促销优惠、活动安排及常见问题解答等）能够直观地呈现给每一位进入直播间的观众。

1. 直播间贴片的类型

直播间贴片可以根据其功能不同分为多种类型，如主题氛围贴片、主播信息贴片、营销信息贴片等。不同类型的直播间贴片在设计和设置时会有不同的侧重点和效果。

（1）主题氛围贴片

主题氛围贴片用于营造直播间的特定氛围，如节日氛围、活动氛围等，主播可以根据直播主题选择相应的元素和设计风格。

例如，在营造春节氛围时，可以选用红色为主色，在背景中添加寓意吉祥的春联、窗花、鞭炮等元素。而在举办新品发布活动时，则可以选择简洁、现代的设计风格，背景色以品牌色为主，搭配商品高清图片或循环播放的视频，以及醒目的倒计时或活动标语贴片，营造出既让人紧张又让人充满期待的直播氛围。

（2）主播信息贴片

主播信息贴片是主播在直播过程中使用的一种个性化展示方式，通常出现在直播画面的边缘或指定位置。它集成了主播的头像、昵称、身高、体重等关键信息，为观众提供快速了解主播的便捷通道，如图 10-27 所示。

图 10-27　主播信息贴片

（3）营销信息贴片

营销信息贴片用于展示商品信息、优惠活动、购物保障等营销内容，这些信息可以直接激发观众的购买欲望，提高直播间的转化率。例如，为了消除观众的购物疑虑，提升其购买信心，可以设计一张购物保障贴片，在购物保障贴片中列出店铺提供的购物保障措施，如 7 天无理由退换货、正品保障、假一赔十等。购物保障贴片可以放置在直播画面的底部或侧边，让观众在浏览商品时能看得到，增强观众购物时的安全感。

2. 直播间贴片设计要点

在销售环节，主播可以根据直播进程和观众反馈随时在直播间中添加或调整直播间贴片内容。通过将折扣信息、促销亮点、商品规格、发货时间、退换货政策等关键内容以直播间贴片形式置于屏幕中最显眼的位置，主播既能以直观且高效的方式向观众传达重要信息，又避免了在直播中反复口头宣传，有效地节省了时间成本。这种做法不仅提升了观众的购物体验，还促进了直播间销售转化率的提高，推动直播活动更加高效、有序地进行。

在设计直播间贴片时，主播需要注意以下要点，以确保营销信息的有效传达。

（1）适宜的大小与位置

主播在设置直播间贴片时，要特别注意直播间贴片的大小与位置，确保其在不遮挡主播面部及重要直播内容的前提下，依然能够清晰可辨。一般来说，将营销信息贴片置于直播画面的两侧是较为合理的选择，这样既能吸引观众注意，又不会干扰主体内容的展示。

（2）鲜明的色彩对比

主播应根据直播间的背景色，选择与之形成鲜明对比的直播间贴片色彩，以增强贴片的视觉冲击力，使直播间贴片信息更加突出，如图10-28所示。同时，主播要考虑背景图案的复杂度，避免直播间贴片与背景产生视觉上的冲突或混淆，确保信息的清晰传达。在图10-29中，由于直播间贴片与背景的色彩相近，观众在观看直播时可能难以立即注意到直播间贴片中的信息，这会导致关键信息的传达受阻，降低直播的效率和观众对信息的接收度。

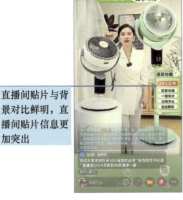

图 10-28 直播间贴片信息突出　　图 10-29 直播间贴片信息传达受阻

（3）文字精练易读

直播间贴片上的文字应简洁明了，字体大小适中，确保在不同观看距离和设备分辨率下都能保持良好的可读性。避免使用过小或过于复杂的字体，从而使观众难以辨认。

3. 设置优惠券贴片

设置优惠券
贴片

优惠券贴片是直播间的一种重要的营销工具，用于吸引观众的注意力并促进购买转化。它通过展示优惠券信息，如折扣额度、使用条件、有效期等，能够直接激发观众的购买欲望，引导观众在直播间内购买商品。

下面介绍如何在淘宝直播间设置优惠券贴片。

步骤 01 进入"直播装修市场"页面，选择需要的直播间贴片模板，然后单击"立即使用"按钮，如图10-30所示。在打开的页面中编辑优惠券内容，然后单击页面右上角的"保存"按钮，如图10-31所示。

图 10-30　选择直播间贴片模板

图 10-31　编辑优惠券内容

步骤02 单击"我的素材库"按钮，即可看到直播间贴片已添加到素材库中，可以对直播间贴片进行删除、下载和编辑等操作，如图10-32所示。打开淘宝直播工作台，单击"添加元素"按钮█，在弹出的"添加元素"对话框中单击"前置贴片"按钮█，如图10-33所示。

图 10-32　单击"我的素材库"按钮　　图 10-33　单击"前置贴片"按钮

步骤03 在弹出的"前置贴片选择"对话框中选择设计好的直播间贴片素材，然后单击"应用"按钮，如图10-34所示。在直播界面中拖动直播间贴片素材到合适的位置，如图10-35所示。

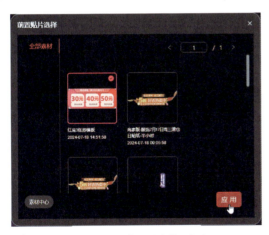

图 10-34　应用直播间贴片　　　　图 10-35　调整直播间贴片位置

任务四　直播间贴片视觉设计案例

　　下面结合前面所讲的内容为某家具店铺设计年货节促销直播间贴片，如图10-36所示，要求设计的直播间贴片能够精准传达活动主题、凸显优惠信息，并通过可靠的购物保障及浓厚的节日氛围，有效吸引观众的注意力，并激发他们的购买欲望。具体操作过程如下。

直播间贴片视觉设计案例

图 10-36　某家具店铺直播间贴片

步骤01 运行Photoshop CS6软件，按【Ctrl+N】组合键，在打开的"新建"对话框中设置各项参数，单击"确定"按钮，如图10-37所示。将"上贴片"和"标签"素材文件导入图像窗口中，并调整为合适的大小，如图10-38所示。

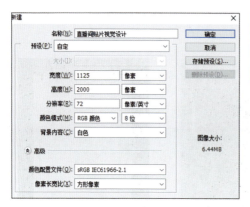

图 10-37　新建文档　　　　　　　　　　　图 10-38　添加素材文件

步骤02 选择横排文字工具 T 输入文字，并在"字符"面板中设置各项参数，其中将文字颜色设置为RGB（255、240、203）和RGB（254、245、222），如图10-39所示。

图 10-39　输入文字并设置参数

步骤 **03** 双击"年货节大促"图层，在弹出的"图层样式"对话框中设置"投影"图层样式，然后单击"确定"按钮，如图10-40所示。

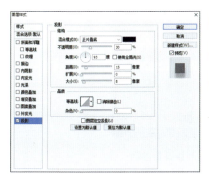

图 10-40　设置"投影"图层样式

步骤 **04** 采用同样的方法，为"直播间低至5折"图层设置"投影"图层样式，如图10-41所示。

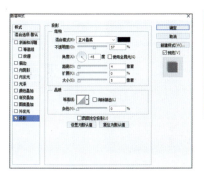

图 10-41　设置"投影"图层样式

步骤 **05** 将"装饰"素材文件导入图像窗口中，根据需要复制灯笼和祥云素材，按【Ctrl+T】组合键调出变换框，适当调整其大小和位置，如图10-42所示。将"促销背景"素材文件导入图像窗口中，如图10-43所示。

图 10-42　添加素材文件并复制素材　　　　图 10-43　添加素材文件

步骤 **06** 选择圆角矩形工具▢，绘制两个圆角矩形，在其工具属性栏中设置各项参数，其中将渐变色设置为RGB（250、38、52）到RGB（198、8、3），如图10-44所示。

图10-44　绘制圆角矩形并设置参数

步骤 07 将"产品"素材文件导入图像窗口中，按【Ctrl+Alt+G】组合键创建剪贴蒙版，如图10-45所示。选择圆角矩形工具▢，绘制一个圆角矩形，在其工具属性栏中设置各项参数，其中将渐变色设置为RGB（251、237、213）到RGB（248、212、170），如图10-46所示。

图10-45　添加素材文件并创建剪贴蒙版　　　图10-46　绘制圆角矩形并设置参数

步骤 08 按【Ctrl+J】组合键复制两个圆角矩形，选择横排文字工具 T 输入文字，并在"字符"面板中设置各项参数，其中将文字颜色设置为RGB（255、240、203）、RGB（254、245、222）和白色，然后为"年货节福利"图层设置"投影"图层样式，如图10-47所示。

图10-47　输入文字、设置参数并设置图层样式

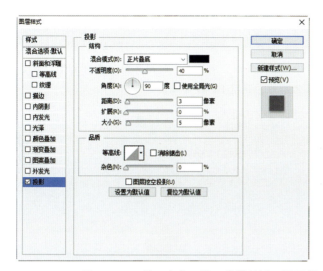

图 10-47 输入文字、设置参数并设置图层样式（续）

步骤 09 采用同样的方法，添加"下贴片"素材文件，并为其配上文字，如图10-48所示。至此，完成直播间贴片的制作。

图 10-48 添加素材文件并输入文字

项目实训

打开"素材文件\项目十\项目实训"文件夹，利用其中的素材文件，为某美食类店铺设计元宵节促销直播间贴片，如图 10-49 所示。

项目实训

图 10-49　某美食类店铺元宵节促销直播间贴片

操作提示： 使用圆角矩形工具制作优惠券按钮；使用横排文字工具输入促销文案，并设置"投影"图层样式；使用百度 AI 图片助手将商品素材变清晰。

5合1搅拌棒套装

项目十一
商品短视频视觉设计

→ 知识目标

- 掌握拍摄商品短视频的相关知识。
- 掌握制作商品主图视频的方法。
- 掌握制作商品详情页视频的方法。

→ 能力目标

- 能够根据多功能辅食搅拌棒主图视频制作案例进行实战练习。
- 能够根据陶砂锅商品详情页视频制作案例进行实战练习。

→ 素养目标

- 彰显优质的服务态度，让消费者从商品短视频中感受到品牌关怀。
- 注重把控全局，用导演思维进行商品短视频视觉设计。

当前，电子商务平台中的很多图文内容正在被更直观、更生动的短视频所取代，短视频能够让消费者快速了解商品的特点、功能与品牌理念等，迅速吸引消费者的兴趣，让消费者产生购买意愿。对于卖家来说，他们可以通过短视频更清晰地表达商品的卖点，并在前台对商品进行充分的展示。本项目将重点介绍商品短视频的拍摄与制作方法。

任务一 初识商品短视频

商品短视频可以帮助卖家全方位地宣传商品，它替代了传统的图文表达形式，虽然只有短短的十几秒或几十秒，却能让消费者非常直观地了解商品的基本信息和设计亮点，多感官体验商品，从而节约消费者进行咨询的时间，有助于消费者快速下单。

↘ 一、商品短视频的主要作用

商品短视频的主要作用如下。

1. 增强视听刺激，激发购买欲望

商品短视频以影音结合的方式，用较小的篇幅和较短的时间将商品的重要信息完整地呈现出来，通过增强视听刺激来激发消费者的购买欲望。例如，一款食品原本并不是消费者的必选商品，但是感染力很强的食品短视频激发了消费者的购买欲望，促使消费者产生了购买冲动，如图 11-1 所示。

图 11-1 食品短视频

2. 多方位、多角度地展示商品细节

在电子商务平台上，通过短视频来展示商品，可以真实地展现商品的外观、使用方法和使用效果等，比单纯的图片和文字更加令人信服，能够多方位、多角度地展示商品的细节特征。图 11-2 所示为某店铺为一款茶叶制作的短视频，该短视频通过完整的泡茶流程展示了茶叶的变化和茶汤的颜色变化等，可以使消费者更充分地了解茶叶的细节。

图 11-2 茶叶短视频

3. 提供贴心、专业的服务

商品短视频除了可以展示商品信息外，还可以展示商品的使用方法与注意事项等，作为售后服务的一部分提供给消费者，这样既解决了消费者使用商品时可能会遇到的问题，又能让消费者感受到卖家贴心、专业的服务，从而提升消费者对店铺的满意度和忠诚度。

4. 提高店铺商品转化率

在电子商务平台上，商品转化率通常是指浏览店铺并产生购买行为的人数与浏览店铺的总人数之间的比率。作为一种重要的商品展示新形式，商品短视频能够有效地宣传商品，达到提高店铺商品转化率的目的。商品短视频所起到的增强视听刺激、激发购买欲望，多方位、多角度地展示商品细节，提供贴心、专业的服务等作用，其实都是为提高店铺商品转化率服务的。

↘ 二、商品短视频的类型

目前，常见的商品短视频主要有主图视频、详情页视频、评论视频和内容视频等。

1. 主图视频

主图视频是在店铺主图位置所展示的短视频，以影音动态呈现商品信息，能够在较短的时间内有效加深消费者对商品的认识与了解，促使其做出购买的决定。主图视频不仅能够延长消费者的停留时间，还能提高店铺购买转化率和静默下单比例。因为主图视频是电子商务平台为了提升消费者购物体验而添加的，所以受到了电子商务平台的大力支持，已经成为衡量电子商务搜索权重的标志之一。

2. 详情页视频

主图视频为了让消费者有更好的体验，其时长较短；详情页视频能够对主图视频缺少部分的信息进行补充，呈现更完整的信息。例如，对于一些涉及安装的商品，主图视频可以对商品特点进行呈现，详情页视频可以对安装方法进行讲解，从而形成完整的体系。

对于需要安装的商品，如果使用静态图呈现，很多消费者还是不清楚整体的安装过程，需要自行摸索。而用短视频对完整的安装过程进行展示，消费者就能清楚地看到每一个步骤的细节，快速完成安装。

3. 评论视频

评论视频也称用户型视频，其拍摄主体不是卖家，而是消费者。消费者在购买商品后拍摄短视频进行反馈，这类短视频在很大程度上会影响商品的销售。电子商务卖家切不可低估评论视频的力量，因为许多消费者在购买商品之前都会进入评论区浏览。以短视频形式呈现的好评可以增加商品的可信度，提升消费者购物的信心。

4. 内容视频

内容视频指电子商务平台特色频道中的视频。例如，淘宝中的"淘宝头条""猜你喜欢""每日好店"等频道都可以通过短视频进行商品展示，提高商品的曝光率。内容视频一般要有好的剧本和故事，由专业团队制作。当然，因为每个平台、每个频道的特点不同，所以它们对内容视频的要求也不尽相同。

任务二 拍摄商品短视频

随着数码产品的不断升级，商品短视频的拍摄已经不再局限于相机，卖家使用手机也可以完成拍摄。下面将详细介绍商品短视频的拍摄流程与方法。

一、商品短视频的拍摄流程

商品短视频的拍摄流程包括 4 步，分别是了解商品特点、布置拍摄环境、视频拍摄与视频编辑，如图 11-3 所示。

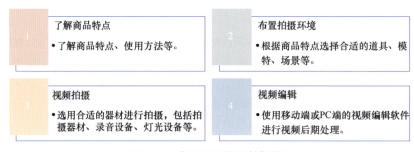

图 11-3　商品短视频的拍摄流程

二、商品短视频构图要素与构图法则

在拍摄商品短视频时，拍摄的距离、角度、光线等因素不是一成不变的，卖家可以根据具体情况随时进行调整。在进行商品短视频拍摄时，需要注意以下 4 个构图要素。

1. 线条

线条一般是指视频画面所表现出的明暗分界线和被摄对象之间的连接线，如地平线、道路的轨迹等。根据线条所在位置的不同，可以将其分为外部线条和内部线条。外部线条是指被摄对象的轮廓线，内部线条则是指被摄对象的轮廓线以内的线条。

根据形式的不同，线条可以分为直线与曲线。直线又有水平线、垂直线和斜线之分：水平线给人以平静、安逸、稳定的感觉；垂直线给人以高耸、刚直之感；斜线给人以动感和力量感。曲线指的是一个点沿着一定的方向移动并发生变向后所形成的轨迹，给人以优美、韵律之感。在进行商品短视频拍摄时，若能充分利用线条，往往能获得不错的画面效果，如图 11-4 所示。

2. 色彩

作为视频画面的重要构成元素之一，色彩在商品短视频中具有举足轻重的地位。通过对色彩的设计、提炼、选择与搭配，商品短视频能够拥有强烈的艺术效果，让人记忆深刻，如图 11-5 所示。

图 11-4　线条　　　　　　　　　图 11-5　色彩

3. 光线

光线是影响视频画面构图的基础和核心，如图 11-6 所示。在选择与处理光线时，必须充分考虑画面表现空间、方位等的变化对画面光影结构的影响。商品短视频的拍摄对光线的要求很高，光线随着环境、被摄对象、机位甚至光位的变化而变化，直接影响着画面的造型效果。

4. 影调

影调是指画面中的影像所表现出的明暗层次和明暗关系，是处理画面造型、构图及烘托气氛、表达情感、反映创作意图的重要手段。在拍摄商品短视频时，画面中亮的景物多、占的面积大，会给人以明朗感；画面中暗的景物多，会给人沉闷感，如图 11-7 所示。如果商品短视频画面明暗适中、层次丰富，就会接近于人们在日常生活中看到的画面，这样更容易打动消费者。

图 11-6　光线　　　　　　　　　图 11-7　影调

卖家要想让自己拍摄的商品短视频更加美观，就需要对商品及其周围场景进行布置，对景物进行仔细观察，明确自己拍摄的主体是什么，以及想为商品短视频营造怎样的风格与氛围等。

卖家在进行商品短视频拍摄时，需要遵循以下 5 个构图法则。

1. 主体明确

构图的主要目的是突出主体，所以卖家在进行构图时，要将主体放在醒目的位置。按照人们通常的视觉习惯，可以让主体位于画面的中心，这样更容易突出主体，如图 11-8 所示。

2. 添加陪衬物品

如果拍摄的画面中只有一个商品，未免显得有些单一，所以在拍摄时可以通过添加背景和装饰物品等进行陪衬，突出主体商品，如图 11-9 所示。需要注意的是，切记要主次分明，不要让陪衬物品喧宾夺主。

图 11-8　主体明确　　　　　　　　　图 11-9　添加陪衬物品

3. 合理布局

拍摄画面中的物品不是随便摆放就能达到美观的视觉效果的，主体商品和陪衬物品需要在画面中合理地分布，也就是对画面进行合理的布局。利用对称式构图法、九宫格构图法、三角形构图法、中心构图法等进行精心的构图设计，画面会显得更有条理，主体商品也会变得更加突出，如图 11-10 所示。

4. 场景衬托

将主体商品放在合适的场景中，不仅能够突出主体商品，还能为画面增加强烈的现场感，使画面显得更加真实、可信，如图 11-11 所示。

图 11-10　合理布局　　　　图 11-11　场景衬托

5. 画面简洁

虽然拍摄主体商品时需要陪衬物品进行衬托，但也要力求画面简洁，避免出现杂乱无章的情况。因此，在拍摄商品短视频时，要敢于舍弃一些不必要的装饰，这样才能突出表现主体商品。

遇到比较杂乱的背景时，我们可以采取放大光圈的方法，让背景变得模糊，从而达到突出主体商品、使画面简洁的目的，如图 11-12 所示。

图 11-12　画面简洁

↘ 三、商品拍摄景别

在拍摄商品短视频时，需要展现商品的整体形象、不同角度下的外观及内部细节等，所以经常采用全景、中景、近景、特写等不同的景别进行拍摄。

1. 全景

全景主要用于展现所拍摄商品的全貌及周围环境的特点，其中主体商品较为明显，景深较深，如图 11-13 所示。

2. 中景

中景一般用于表现人与物、物与物之间的关系，突出展示情节，侧重于展现动作和情感交流，如图 11-14 所示。

3. 近景

近景往往是对商品的外观进行细腻刻画的景别，用于商品的多角度展示，如图 11-15 所示。

4. 特写

特写以表现商品局部为主，可以对商品内部结构或局部细节进行突出展示，用于体现商品的材质和质量等，如图 11-16 所示。

图 11-13　全景　　图 11-14　中景　　图 11-15　近景　　图 11-16　特写

四、商品拍摄方向与拍摄角度

拍摄方向的变化是指以被摄主体为中心，摄影机在同一水平面上围绕被摄对象四周进行位置的变化。有时也可以改变被摄主体的方向，以获得不同方向的拍摄效果。以拍摄服装为例，可以请模特改变方向，以获得不同方向的拍摄效果。拍摄方向主要有正面、前侧面、侧面、背面等。通过选择不同的拍摄方向，可以多方位地展示商品。

在拍摄方向不变的前提下，改变拍摄高度可以使画面的透视关系发生改变。从拍摄高度的变化来看，常用到的拍摄角度有平视角度、仰视角度、俯视角度等。在拍摄模特时，选择不同的拍摄角度，可以使所拍摄的画面产生不同的艺术效果。图 11-17 所示为从不同的拍摄方向和拍摄角度拍摄的女裤。

图 11-17　从不同的拍摄方向和拍摄角度拍摄的女裤

拍摄高度要根据所要表现的主体商品和周围的环境来确定。例如，在服装短视频的拍摄中，常常采用平视角度拍摄上衣、裙子等，采用仰视角度拍摄裤子、靴子等，采用俯视角度拍摄领口、口袋等服装细节。

任务三　制作商品主图视频

下面以制作多功能辅食搅拌棒主图视频为例，介绍商品主图视频的制作方法。本案例使用 PC 端常用的视频后期编辑工具 Premiere Pro 2020 进行制作，主要包括新建项目与导入素材、创建序列、粗剪视频、精剪视频、制作画面分屏效果、添加转场效果、视频调色、添加与编辑字幕，以及导出商品主图视频。

↓ 一、新建项目与导入素材

在制作商品主图视频之前，首先要将所用的素材导入 Premiere Pro 2020 软件中，然后对素材进行整理和预览，具体操作方法如下。

新建项目与
导入素材

步骤 01 启动Premiere Pro 2020软件，按【Ctrl+Alt+N】组合键打开"新建项目"对话框，设置项目名称和保存位置，如图11-18所示，然后单击"确定"按钮。

步骤 02 进入视频编辑界面，窗口上方为工作区标签，在此选择"编辑"工作区。如果"编辑"工作区布局被手动调整过，在"编辑"标签上单击鼠标右键，选择"重置为已保存的布局"命令，即可恢复"编辑"工作区的原样，如图11-19所示。

图 11-18　新建项目

图 11-19　重置"编辑"工作区

步骤 03 在"项目"面板的空白位置双击或按【Ctrl+I】组合键，如图11-20所示。

步骤 04 弹出"导入"对话框，选择要导入的视频素材和音频素材，然后单击"打开"按钮，如图11-21所示。

图 11-20　"项目"面板

图 11-21　导入素材

步骤 **05** 将素材导入"项目"面板中，选中所有视频素材，将所选素材拖至下方的"新建素材箱"按钮■上，如图11-22所示。

步骤 **06** 新建素材箱，将素材箱命名为"视频素材"，如图11-23所示。

图 11-22　拖动素材到"新建素材箱"按钮上　　　图 11-23　新建素材箱

步骤 **07** 双击素材箱，在新的面板中将其打开，单击面板下方的"自由变换视图"按钮■切换视图，在面板下方拖动滑块调整视频缩览图的大小，将鼠标指针置于视频缩览图上并左右滑动，即可快速预览素材，如图11-24所示。

步骤 **08** 双击视频素材，即可在"源"面板中预览素材，在此预览"搅拌棒（4）"视频素材；将播放指示器拖至手指刚要按下开关的位置，单击"添加标记"按钮■或按【M】键，即可在当前位置添加一个标记，如图11-25所示。

图 11-24　预览素材　　　　　　　图 11-25　添加标记

↘ 二、创建序列

创建序列

在着手进行任何视频剪辑之前，首先要创建一个序列。在视频剪辑中序列扮演着至关重要的角色，它相当于一个框架或容器，用于组织并呈现一系列视频素材，使它们能够连续、流畅地播放，形成一段完整的视频。

在创建序列时，需要先设置播放参数，包括设定帧速率（即每秒显示的帧数，影响视频的流畅度）和帧尺寸（即视频画面的宽度和高度，决定视频的分辨率）等，这些设置对于确保最终视频的专业性和一致性很重要。创建序列的具体操作方法如下。

步骤 **01** 在"项目"面板右下方单击"新建项"按钮■，选择"序列"选项，如图11-26所示。

步骤 **02** 弹出"新建序列"对话框，在"序列预设"中选择"AVCHD"｜"1080p"｜"AVCHD 1080p30"选项，在右侧可以看到序列预设的详细描述，如图11-27所示。

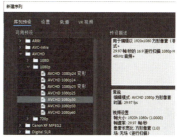

图 11-26　选择"序列"选项　　　　　图 11-27　选择序列预设

步骤 03 选择"设置"选项卡，根据需要对序列参数进行修改，在"编辑模式"下拉列表框中选择"自定义"选项，在"时基"下拉列表框中选择"30.00帧/秒"选项，如图11-28所示。

步骤 04 在"新建序列"对话框下方输入序列名称，如果经常用到该序列设置，可以单击"保存序列预设"按钮，在弹出的对话框中输入"名称"或"描述"，然后单击"确定"按钮，如图11-29所示。

图 11-28　自定义序列参数　　　　　图 11-29　保存序列预设

步骤 05 在"序列预设"选项卡的"自定义"文件夹中查看保存的预设，下次创建序列时只需选择该预设，然后单击"确定"按钮，如图11-30所示。

步骤 06 此时即可创建一个序列，在"时间轴"面板中会自动打开创建的序列。单击序列名称右侧的▇按钮，在弹出的列表中选择"从序列创建预设"选项，可以将当前序列设置快速保存为序列预设，如图11-31所示。

图 11-30　查看序列预设　　　　　图 11-31　选择"从序列创建预设"选项

步骤 07 在"时间轴"面板中选中序列，然后在菜单栏中选择"序列"|"序列设置"命令，如图11-32所示。

步骤 08 弹出"序列设置"对话框，根据需要对序列参数进行更改，如图11-33所示，然后单击"确定"按钮。

图 11-32　选择"序列设置"命令　　　　图 11-33　设置序列参数

↘ 三、粗剪视频

下面将视频素材添加到序列中，并对视频素材中有用的部分进行修剪，然后根据需要复制与移动素材，具体操作方法如下。

粗剪视频

步骤 01 在"项目"面板中双击"搅拌棒（1）"视频素材，在"源"面板中拖动播放指示器，将其移至视频剪辑的起始位置，单击"标记入点"按钮；将播放指示器移至视频剪辑的结束位置，单击"标记出点"按钮，即可设置剪辑范围，如图11-34所示。

步骤 02 拖动"仅拖动视频"按钮到序列的V1轨道上，在弹出的对话框中单击"保持现有设置"按钮，在序列中添加视频素材，如图11-35所示。

图 11-34　标记入点和出点　　　　图 11-35　单击"保持现有设置"按钮

步骤 03 按【\】键自动调整时间标尺的缩放比例以显示整个序列，如图11-36所示。

步骤 04 采用同样的方法继续添加其他视频素材到序列中，双击V1轨道将其展开。将播放指示器移至要分割视频的位置，选中"搅拌棒（9）"视频素材，然后按【Ctrl+K】组合键，即可分割视频素材，如图11-37所示。

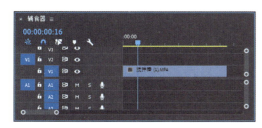

图 11-36　添加视频素材

图 11-37　分割视频素材

步骤 05 对"搅拌棒（9）"视频素材中操作失误的部分进行分割，然后按【Delete】键删除分割出的视频素材。此时在视频剪辑之间会留下间隙，在间隙上单击鼠标右键，选择"波纹删除"命令，即可删除间隙，如图11-38所示。

步骤 06 将播放指示器移至"搅拌棒（17）"视频素材中，在时间轴头部打开V1轨道最左侧的源轨道指示器，如图11-39所示。

图 11-38　选择"波纹删除"命令

图 11-39　打开 V1 轨道的源轨道指示器

步骤 07 在"源"面板中预览"搅拌棒（21）"视频素材，并标记入点和出点，如图11-40所示。

步骤 08 拖动"仅拖动视频"按钮■到"节目"面板中，选择"此项前插入"选项，如图11-41所示。即可在"搅拌棒（17）"视频素材左侧插入"搅拌棒（21）"视频素材，如图11-42所示。

图 11-40　标记入点和出点

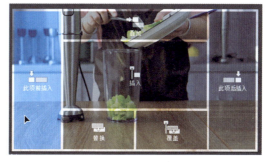

图 11-41　选择"此项前插入"选项

步骤 09 按【Ctrl+Z】组合键撤销操作，在时间轴头部打开V2轨道最左侧的源轨道指示器，如图11-43所示。

图 11-42 插入视频素材

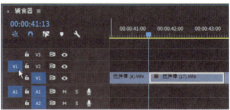

图 11-43 打开 V2 轨道的源轨道指示器

步骤 10 在"源"面板中拖动"仅拖动视频"按钮■到"节目"面板中，选择"覆盖"选项，如图11-44所示。即可将"搅拌棒（21）"视频素材添加到V2轨道播放指示器所在的位置，如图11-45所示。

图 11-44 选择"覆盖"选项

图 11-45 添加视频剪辑

步骤 11 使用选择工具或波纹编辑工具拖动视频素材两端的编辑点进行修剪，在修剪时"节目"面板中会实时显示修剪的画面位置，如图11-46所示。在修剪时，要使剪辑后方的视频自动跟进，则需要选择波纹编辑工具。

图 11-46 实时显示修剪的画面位置

步骤 12 要更改剪辑的排列顺序，可以在按住【Ctrl+Alt】组合键的同时拖动视频素材。在此将"搅拌棒（4）"视频素材拖至"搅拌棒（3）"视频素材的左侧，此时鼠标指针变为■样式，如图11-47所示。松开鼠标后，即可调整视频素材的先后顺序，如图11-48所示。

图 11-47 拖动视频素材

图 11-48 调整视频素材顺序

步骤 13 按住【Alt】键的同时拖动视频素材，即可进行复制，这里按住【Alt】键的同时向上拖动"搅拌棒（1）"视频素材，即可将其复制到V2轨道上，如图11-49所示。

步骤 14 选中"搅拌棒（1）"视频素材并按【Ctrl+C】组合键进行复制，然后在时间轴头部取消设置V1轨道为目标切换轨道，设置V3轨道为目标切换轨道，按【Ctrl+V】组合键，即可将复制的视频素材粘贴到V3轨道上，如图11-50所示。

| 图 11-49　通过拖动复制视频素材 | 图 11-50　使用快捷键复制视频素材 |

四、精剪视频

下面为视频添加音乐，对视频素材进行速度调整，使用剪辑工具对视频素材的编辑点进行精细调整，并根据需要调整画面构图，营造节奏上的变化，并实现镜头的流畅衔接，具体操作方法如下。

精剪视频

步骤 01 在"项目"面板中双击"音乐01"音频素材播放音乐，在音乐节奏点位置按【M】键添加标记，如图11-51所示，然后将"音乐01"音频素材拖至序列的A1轨道上。

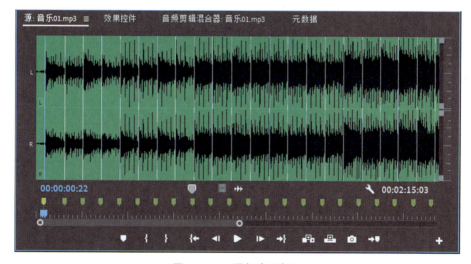

图 11-51　添加音乐标记

步骤 02 在序列中选中第一个视频素材，按【Ctrl+R】组合键打开"剪辑速度/持续时间"对话框，将"速度"设置为"200%"，然后单击"确定"按钮，如图11-52所示。

步骤 03 修剪第一个视频素材的右端到音乐标记位置，如图11-53所示。

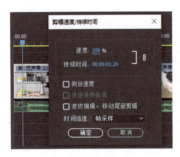
图 11-52　设置剪辑速度

图 11-53　修剪视频素材

步骤 04 按【R】键调用比率拉伸工具，使用该工具拖动第二个视频素材的右端到第三个音乐标记位置，如图11-54所示。

步骤 05 按【N】键调用滚动编辑工具，使用该工具调整前两个视频素材之间的编辑点，在此将其向左移动4帧，使视频切换比音频节奏点（即音频标记位置）提前一些，如图11-55所示。使用滚动编辑工具调整编辑点，只影响相邻两个素材的长度，不会对其他素材造成影响。

图 11-54　修剪视频素材

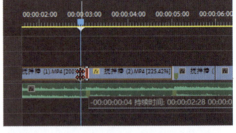
图 11-55　使用滚动编辑工具调整编辑点

步骤 06 采用同样的方法对其他视频素材进行速度设置和修剪。在第一个视频素材左上方的图标上单击鼠标右键，选择"时间重映射"|"速度"命令，如图11-56所示。此时整个视频素材变为蓝色，且其中心位置出现速度控制柄。

步骤 07 按住【Ctrl】键的同时在速度控制柄上单击，添加速度关键帧。向上或向下拖动速度控制柄，即可进行加速或减速调整，如图11-57所示。这里将关键帧左侧的速度调整为120%，将关键帧右侧的速度调整为50%。

图 11-56　选择"速度"命令

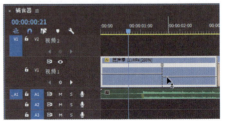
图 11-57　调整速度控制柄

步骤08 按住【Alt】键的同时拖动速度关键帧，将其拆分为左、右两个部分。拖动两个部分之间的控制柄调整斜坡坡度，使其逐渐减小，从而使视频素材的播放速度逐渐变慢，如图11-58所示。

步骤09 在序列中选中最后一个视频素材，在"效果控件"面板中将"缩放"参数设置为"105.0"、将"旋转"参数设置为"-1.0°"，如图11-59所示。

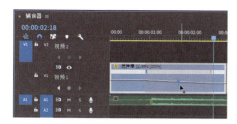

图11-58　拆分并调整速度关键帧

图11-59　设置"缩放"和"旋转"参数

步骤10 在"节目"面板中预览画面构图调整效果，如图11-60所示。

图11-60　预览画面构图调整效果

步骤11 展开V1轨道，按住【Ctrl】键的同时单击最后一个视频素材的不透明度控制柄，添加不透明度关键帧，在此添加3个不透明度关键帧。将第二个不透明度关键帧位置向下调至80.0%，将第三个不透明度关键帧位置向下调至0.0%，即可制作画面渐隐效果，如图11-61所示。

步骤12 对音频素材的尾部进行修剪，使其与视频素材对齐。展开A1轨道，在音量控制柄上按住【Ctrl】键的同时单击添加音量关键帧，在此添加3个音量关键帧并调整音量，制作音频淡出效果，如图11-62所示。

图11-61　调整不透明度关键帧

图11-62　调整音量关键帧

步骤 13 视频素材调整完成后，在"节目"面板中预览视频效果，图11-63所示为部分画面。

图 11-63　预览视频效果

↘ 五、制作画面分屏效果

下面制作画面分屏效果，即将多个类似的镜头显示在同一画面上，以增强视觉效果，具体操作方法如下。

制作画面分屏效果

步骤 01 在序列中将要分屏显示的视频素材进行叠加，在此将"搅拌棒（17）"视频素材置于V1轨道上，将"搅拌棒（21）"视频素材置于V2轨道上，将"搅拌棒（25）"视频素材置于V3轨道上。选中V1和V2轨道上的视频素材，按【Shift+E】组合键禁用视频素材，如图11-64所示。

步骤 02 在"节目"面板中单击"设置"按钮，选择"显示标尺"选项，即可在画面上方和左侧显示标尺，按住左侧的标尺并向右拖动，即可添加参考线。在参考线上单击鼠标右键，选择"编辑参考线"命令，如图11-65所示。

图 11-64　禁用视频素材

图 11-65　选择"编辑参考线"命令

步骤 03 在弹出的对话框中将"位置"设置为"640"，单击"确定"按钮，如图11-66所示。

步骤 04 采用同样的方法添加第二条参考线，并将"位置"设置为"1280"，如图11-67所示。

图 11-66 编辑参考线 　　　　　图 11-67 添加第二条参考线

步骤 05 选中V3轨道上的视频素材，在"效果"面板中搜索"裁剪"，双击"裁剪"效果以添加该效果，如图11-68所示。

步骤 06 在"效果控件"面板中选中"裁剪"效果，如图11-69所示。

图 11-68 添加"裁剪"效果 　　　图 11-69 选中"裁剪"效果

步骤 07 在画面四周显示裁剪框，拖动左边框和右边框以裁剪画面，如图11-70所示。

步骤 08 在"运动"效果中调整"位置"参数，将画面调至左侧，并根据参考线裁剪画面，在"节目"面板中预览画面裁剪效果，如图11-71所示。

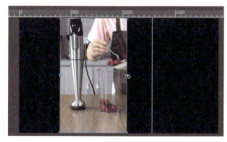

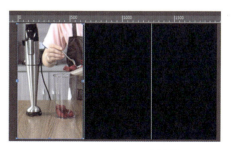

图 11-70 裁剪画面 　　　　　　图 11-71 预览画面裁剪效果

步骤 09 在序列中选中V2轨道上的视频素材，按【Shift+E】组合键启用视频素材，如图11-72所示。

步骤 10 为视频素材添加"裁剪"效果并裁剪画面，然后调整视频素材的位置，在"节目"面板中预览画面裁剪效果，如图11-73所示。

图 11-72　启用视频剪辑

图 11-73　预览画面裁剪效果

步骤 11　采用同样的方法设置V1轨道上的视频素材，在"节目"面板中预览画面裁剪效果，如图11-74所示。

步骤 12　在序列中选中上述3个视频素材，按【Alt+↑】组合键将视频素材依次向上移动一个轨道，如图11-75所示。

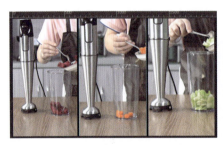

图 11-74　预览画面裁剪效果

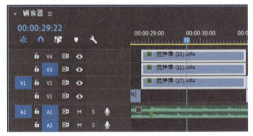

图 11-75　移动视频素材位置

步骤 13　在"项目"面板中单击"新建项"按钮，选择"颜色遮罩"选项，如图11-76所示。

步骤 14　在弹出的"新建颜色遮罩"对话框中单击"确定"按钮，弹出"拾色器"对话框，将颜色设置为白色，单击"确定"按钮，如图11-77所示。

图 11-76　选择"颜色遮罩"选项

图 11-77　设置颜色

步骤 15　将颜色遮罩重命名为"白色"，在"项目"面板中选中"白色"素材，按【Ctrl+R】组合键，在打开的对话框中将"持续时间"设置为"00:00:00:10"，然后单击"确定"按钮，如图11-78所示。

步骤 16 将"白色"素材添加到V1轨道上，并修剪该素材的长度，如图11-79所示。

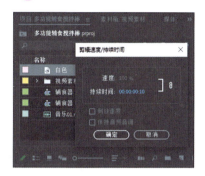

图 11-78　设置持续时间　　　　　　图 11-79　添加"白色"素材

步骤 17 选中V4轨道上的视频素材，在"效果"面板中搜索"油漆桶"，然后双击"油漆桶"效果以添加该效果，如图11-80所示。

步骤 18 在"效果控件"面板中设置"油漆桶"效果，其中将"填充选择器"设置为"Alpha通道"、将"描边"设置为"描边"、将"描边宽度"设置为"1.0"、将"颜色"设置为黑色、将"不透明度"设置为"50.0%"，为视频画面添加一个黑边，如图11-81所示。

图 11-80　添加"油漆桶"效果　　　　图 11-81　设置"油漆桶"效果

步骤 19 在"效果控件"面板中选中"油漆桶"效果并按【Ctrl+C】组合键进行复制，然后在序列中选中V3和V2轨道上的视频素材，按【Ctrl+V】组合键粘贴"油漆桶"效果，如图11-82所示。

步骤 20 在"节目"面板中预览画面分屏效果，如图11-83所示。

图 11-82　复制与粘贴"油漆桶"效果　　图 11-83　预览画面分屏效果

步骤 ㉑ 采用同样的方法制作其他画面分屏效果，如图11-84所示。

图 11-84　制作其他画面分屏效果

↘ 六、添加转场效果

视频过渡也称视频转场或视频切换，是添加在视频素材之间的效果，可以让视频素材之间的切换形成动画效果。添加转场效果的具体操作方法如下。

添加转场
效果

步骤 ① 打开"效果"面板，展开"视频过渡"|"溶解"效果组，在"交叉溶解"效果上单击鼠标右键，选择"将所选过渡设置为默认过渡"命令，即可将"交叉溶解"效果设置为默认转场效果，如图11-85所示。

步骤 ② 拖动"交叉溶解"效果到要添加转场效果的视频素材之间，双击"交叉溶解"效果，在弹出的对话框中设置过渡持续时间，然后单击"确定"按钮，如图11-86所示。

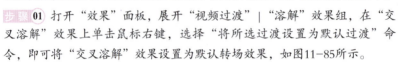

图 11-85　设置默认转场效果　　　　图 11-86　设置过渡持续时间

步骤 ③ 左右拖动"交叉溶解"效果，调整其切入位置，如图11-87所示。

步骤 ④ 在"节目"面板中预览"交叉溶解"效果，可以看到两个视频素材间的切换变得很流畅，如图11-88所示。

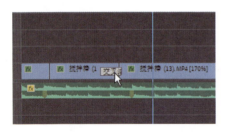

图 11-87　调整"交叉溶解"效果切入位置　　　图 11-88　预览"交叉溶解"效果

步骤 ⑤ 在序列中选中要添加转场效果的视频素材，在菜单栏中选择"序列"|"应用视频过渡"命令或直接按【Ctrl+D】组合键，即可添加默认转场效果，如图11-89所示。

步骤 06 展开V2轨道，在"搅拌棒（35）"视频素材的开始位置添加两个不透明度关键帧，并将第一个不透明度关键帧向下拖至底部，即可制作画面淡入的转场效果，如图11-90所示。

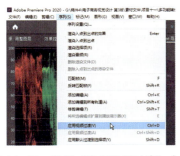

图 11-89 选择"应用视频过渡"命令　　　　图 11-90 添加不透明度关键帧

步骤 07 选中"搅拌棒（35）"视频素材，在"效果控件"面板中将"缩放"参数设置为"120.0"，根据需要调整"位置"参数，以调整画面构图，使转场前后画面中的杯子居中对齐，如图11-91所示。

步骤 08 在"节目"面板中预览画面构图调整效果，如图11-92所示。

图 11-91 调整画面构图　　　　图 11-92 预览画面构图调整效果

步骤 09 在"不透明度"效果中单击"创建椭圆形蒙版"按钮 ⬤ ，如图11-93所示。

步骤 10 在"节目"面板中调整蒙版的大小、羽化、扩展等，如图11-94所示。

图 11-93 单击"创建椭圆形蒙版"按钮　　　　图 11-94 调整蒙版

步骤 11 移动播放指示器的位置，然后选中"搅拌棒（35）"视频素材，按【Ctrl+K】组合键分割该视频素材，选中右侧的视频素材，如图11-95所示。

步骤 12 在"效果控件"面板中选中蒙版，按【Delete】键将其删除，如图11-96所示。

图 11-95　分割视频素材　　　　　　图 11-96　删除蒙版

步骤 13 在两个视频素材之间添加"交叉溶解"效果，如图11-97所示。

步骤 14 选中"搅拌棒（35）"视频素材右端的编辑点，按【Ctrl+D】组合键添加默认转场效果。选中最后一个视频素材左端的编辑点，按【Ctrl+D】组合键添加默认转场效果，如图11-98所示。

图 11-97　添加"交叉溶解"效果　　　图 11-98　添加默认转场效果

↘ 七、视频调色

下面使用"Lumetri 颜色"面板对视频进行颜色校正，然后对视频整体进行风格化色彩调整，具体操作方法如下。

视频调色

步骤 01 在序列中选中第一个视频素材，在菜单栏中选择"窗口"|"Lumetri颜色"命令，打开"Lumetri颜色"面板，如图11-99所示。

步骤 02 展开"基本校正"选项，根据需要调整各项"色调"参数，如图11-100所示。

步骤 03 展开"曲线"选项，在"RGB曲线"选项中调整白色曲线，在中间调和高光位置添加控制点，然后拖动控制点调整曲线，如图11-101所示。

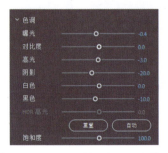

图 11-99　"Lumetri 颜色"面板　图 11-100　调整"色调"参数　图 11-101　调整曲线

步骤 **04** 在"节目"面板中预览调色前后的对比效果，如图11-102所示。

图 11-102　预览调色前后的对比效果

步骤 **05** 在"效果控件"面板中选中"Lumetri颜色"效果，按【Ctrl+C】组合键复制该效果，如图11-103所示。

步骤 **06** 在序列中选中除了第一个视频素材外的视频素材，按【Ctrl+V】组合键粘贴"Lumetri颜色"效果。在"节目"面板中预览其他视频素材的调色效果，如图11-104所示。如果粘贴的"Lumetri颜色"效果不是很合适，可以在"Lumetri颜色"面板中对视频素材进行单独调色。

图 11-103　复制"Lumetri 颜色"效果　　　图 11-104　预览调色效果

步骤 **07** 在序列中选中添加画面分屏效果所用到的视频素材并单击鼠标右键，选择"嵌套"命令，在弹出的对话框中输入名称，然后单击"确定"按钮，如图11-105所示，创建嵌套序列。

步骤 **08** 采用同样的方法为其他视频素材剪辑创建嵌套序列，如图11-106所示。

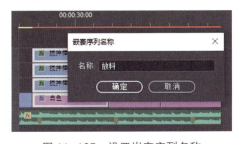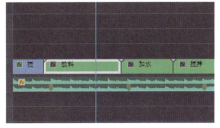

图 11-105　设置嵌套序列名称　　　　　图 11-106　创建嵌套序列

步骤 **09** 在"项目"面板中创建调整图层，然后选中调整图层，按【Ctrl+R】组合键，在打开的对话框中将"持续时间"设置为"00:00:00:20"，单击"确定"按钮，如图11-107所示。

步骤 10 将调整图层添加到V3轨道上，调整调整图层的长度，使其覆盖整个视频素材，如图11-108所示。

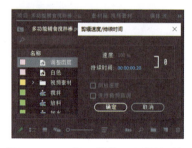

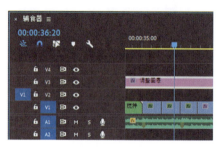

图 11-107　设置调整图层持续时间　　　　图 11-108　添加并调整调整图层

步骤 11 在"Lumetri颜色"面板中展开"色轮和匹配"选项，将"阴影"向黄色调整，将"中间调"向黄色的反方向（即蓝色）调整以恢复肤色，将"高光"向青色调整。拖动色轮左侧的滑块调整亮度，在此增加"中间调"和"高光"的亮度，降低"阴影"的亮度，如图11-109所示。

步骤 12 在"节目"面板中预览调色效果，如图11-110所示。

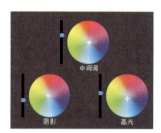

图 11-109　调整色轮　　　　　　图 11-110　预览调色效果

↘ 八、添加与编辑字幕

下面在视频中添加商品说明字幕，并制作简单的字幕动画，具体操作方法如下。

步骤 01 使用文字工具在第一个视频素材中输入文字，如图11-111所示。

步骤 02 在"效果控件"面板的文本效果中设置字体、字号、对齐方式、填充等格式，如图11-112所示。

添加与编辑字幕

图 11-111　输入文字　　　　　图 11-112　设置文本格式

步骤 03 打开"基本图形"面板，选择"编辑"选项卡，单击"新建图层"按钮，在弹出的列表中选择"矩形"选项，如图11-113所示。

步骤 04 将"形状01"图层拖至文本图层的下方，将矩形"颜色"设置为黑色、将"不透明度"设置为"80.0%"，然后调整矩形的大小和位置，如图11-114所示。

图 11-113　选择"矩形"选项　　　　图 11-114　设置矩形参数

步骤 05 在"节目"面板中预览矩形调整效果，如图11-115所示。

步骤 06 在"节目"面板中调整形状锚点的位置，将其移至矩形底部，如图11-116所示。

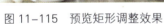 

图 11-115　预览矩形调整效果　　　　图 11-116　调整形状锚点位置

步骤 07 在"效果控件"面板中将播放器移至最左侧，在形状效果中展开"变换"选项，取消选择"等比缩放"复选框，然后启用"垂直缩放"动画自动添加第一个关键帧，将播放指示器向右移动15帧，手动添加第二个关键帧。然后将播放指示器移至第一个关键帧位置，将"垂直缩放"参数设置为"0"，如图11-117所示，即可制作从下向上擦除显示的形状动画效果。

步骤 08 在"节目"面板中预览形状动画效果，如图11-118所示。

图 11-117　编辑"垂直缩放"动画　　　图 11-118　预览形状动画效果

步骤 09 在文本效果中单击"创建4点多边形蒙版"按钮■创建蒙版，将"蒙版羽化"设置为"0.0"，如图11-119所示。

步骤 10 在"节目"面板中调整蒙版的大小和位置，使其上下边刚好框住文字，如图11-120所示。

图 11-119　创建蒙版　　　　　　　图 11-120　调整蒙版的大小和位置

步骤 11 在文本效果中展开"变换"选项，将播放指示器向右移动20帧，启用"位置"动画添加第一个关键帧，然后将播放指示器再向右移动20帧并添加第二个关键帧，如图11-121所示。

步骤 12 将播放指示器移至第一个关键帧位置，调整y坐标参数，如图11-122所示，向下移动文字至蒙版外。

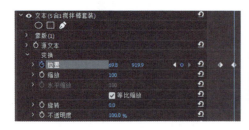

图 11-121　添加位置关键帧　　　　　　图 11-122　调整 y 坐标参数

步骤 13 在"节目"面板中预览文字动画效果，如图11-123所示。

步骤 14 选中两个位置关键帧并单击鼠标右键，选择"临时插值"|"缓入"命令，如图11-124所示，然后再次单击鼠标右键，选择"临时插值"|"缓出"命令。

图 11-123　预览文字动画效果　　　　　图 11-124　设置动画缓入缓出

步骤 15 展开"位置"选项，调整贝塞尔曲线，使动画的播放速度先快后慢，如图11-125所示。

步骤16 拖动时间轴视图左上方的控制柄，调整开场持续时间，使其覆盖关键帧动画，如图11-126所示。

图 11-125　调整贝塞尔曲线

图 11-126　调整开场持续时间

步骤17 选中文本素材，按住【Alt】键的同时向右拖动进行复制，然后根据需要修改文本，以添加其他字幕，如图11-127所示。

步骤18 在"节目"面板中预览其他字幕效果，如图11-128所示。

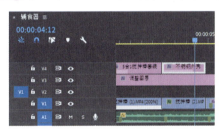

图 11-127　复制文本素材并修改文本

图 11-128　预览其他字幕效果

步骤19 对于需要改变位置的字幕，可以为文本素材创建嵌套序列，输入名称，然后单击"确定"按钮，如图11-129所示。

步骤20 在"效果控件"面板中调整嵌套序列的"位置"参数，即可改变字幕位置，如图11-130所示。

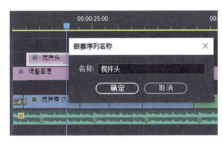

图 11-129　创建嵌套序列

图 11-130　改变字幕位置

↘ 九、导出商品主图视频

商品主图视频剪辑完成后，在"节目"面板中预览视频的整体效果，确认无须再做修改后，即可导出视频，具体操作方法如下。

步骤 01 在"时间轴"面板中选中要导出的序列，如图11-131所示。若要导出序列中的一部分，可以在"节目"面板中标记入点和出点，然后进行导出。

步骤 02 选择"文件"|"导出"|"媒体"命令，弹出"导出设置"对话框，在"格式"下拉列表框中选择"H.264"选项，在"预设"下拉列表框中选择"匹配源-高比特率"选项，如图11-132所示。

导出商品主图视频

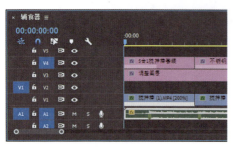

图 11-131　选中要导出的序列　　　　图 11-132　选择导出格式

步骤 03 单击"输出名称"选项右侧的文件名，在弹出的"另存为"对话框中选择导出位置，输入文件名，然后单击"保存"按钮，如图11-133所示。

步骤 04 单击"导出设置"选项左侧的 ✓ 按钮折叠相关选项，在其下方选择"视频"选项卡，展开"比特率设置"选项，调整"目标比特率[Mbps]"参数，压缩视频，如图11-134所示。在该对话框下方可以看到"估计文件大小"的数值，设置完成后单击"导出"按钮，即可导出视频。

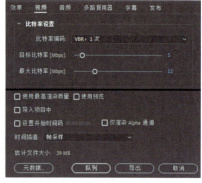

图 11-133　设置导出位置和文件名　　　　图 11-134　设置目标比特率

任务四　制作商品详情页视频

　　下面以制作陶砂锅商品详情页视频为例，介绍商品详情页视频的制作方法。本案例操作主要包括粗剪视频、调整视频素材、视频调色、添加字幕并制作字幕动画。

↘ 一、粗剪视频

粗剪视频

下面为制作陶砂锅商品详情页视频创建项目并导入所需的素材，并对视频素材进行粗剪，具体操作方法如下。

步骤01 创建"陶砂锅"项目，然后将视频、音频、图片等素材导入"项目"面板中。单击"新建项"按钮 ，在弹出的列表中选择"序列"选项，如图11-135所示。

步骤02 在弹出的"新建序列"对话框中将"时基"设置为"30.00帧/秒"，在"帧大小"中将"水平"设置为"810"、将"垂直"设置为"1080"，如图11-136所示。将序列名称设置为"陶砂锅"，然后单击"确定"按钮，即可创建序列。

图 11-135　选择"序列"选项

图 11-136　设置序列参数

步骤03 在"项目"面板中双击"陶砂锅12"视频素材，在"源"面板中标记入点和出点，如图11-137所示。

步骤04 拖动"仅拖动视频"按钮 到新建序列的V1轨道上，在弹出的对话框中单击"保持现有设置"按钮，将视频剪辑添加到序列中，然后按【\】键自动调整时间标尺的缩放比例以显示整个序列，如图11-138所示。

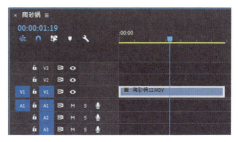

图 11-137　标记入点和出点

图 11-138　添加视频素材

步骤05 在"效果控件"面板中将"缩放"参数设置为"115.0"，然后根据需要调整"位置"参数，如图11-139所示。

步骤06 在"节目"面板中预览画面构图调整效果，如图11-140所示。

图 11-139　设置"缩放"和"位置"参数　　图 11-140　预览画面构图调整效果

步骤 **07** 采用同样的方法，按照剪辑思路在序列中依次添加其他视频素材，并调整各视频素材的画面构图，如图11-141所示。

图 11-141　添加其他视频素材并调整画面构图

↘ 二、调整视频素材

下面在序列中添加背景音乐并对视频素材进行调整，如调整剪辑速度、插入图片素材、修剪素材、添加动画效果等，具体操作方法如下。

调整视频
素材

步骤 **01** 在"项目"面板中双击"音乐"素材，在"源"面板中的00:00:12:20位置标记入点，在00:00:51:21位置标记出点，如图11-142所示，然后将"音乐"音频素材拖至序列的A1轨道上。

步骤 **02** 在序列中的"音乐"音频素材上单击鼠标右键，选择"音频增益"命令，在弹出的"音频增益"对话框下方可以看到当前"峰值振幅"为"-0.3dB"，选中"调整增益值"单选按钮，并将增益值设置为"-6dB"，然后单击"确定"按钮，即可减小音量，如图11-143所示。

图 11-142　标记入点和出点　　　　图 11-143　设置音频增益

步骤 03　选中第一个视频素材，按【Ctrl+R】组合键打开"剪辑速度/持续时间"对话框，将"速度"设置为"80%"，选中"波纹编辑，移动尾部剪辑"复选框，然后单击"确定"按钮，如图11-144所示。

步骤 04　在"项目"面板中选中所有图片素材，按【Ctrl+R】组合键，在打开的对话框中将"持续时间"设置为"00:00:00:20"，然后单击"确定"按钮，如图11-145所示。

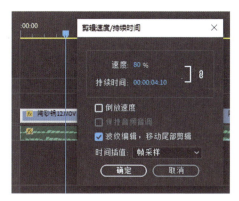

图 11-144　调整剪辑速度

图 11-145　设置图片素材持续时间

步骤 05　将选中的图片素材拖至序列的V2轨道上，选中第一个图片素材，如图11-146所示。

步骤 06　在"效果控件"面板中调整"缩放"和"位置"参数，调整画面构图。在"节目"面板中设置显示标尺并添加参考线，如图11-147所示。

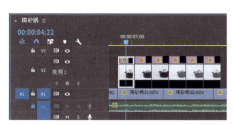

图 11-146　添加图片素材

图 11-147　设置显示标尺并添加参考线

步骤 07　根据参考线调整其他图片素材的构图，选中"图片（3）"素材，打开"Lumetri颜色"面板，在"基本校正"选项中调整"白色"参数，对图片进行简单调色，使其与其他图片素材的颜色保持一致，如图11-148所示。

步骤 08　调整"图片（3）"素材的构图后，其上面出现透明区域，在此使用颜色遮罩修补该区域。将"图片（3）"素材移至V3轨道上，然后创建颜色遮罩，并将其添加到"图片（3）"素材的下方，如图11-149所示。

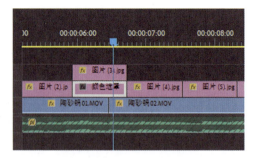

图 11-148　调整"白色"参数　　　图 11-149　添加颜色遮罩

步骤 09 双击颜色遮罩，弹出"拾色器"对话框，单击吸管工具 ，如图11-150所示。

步骤 10 在"节目"面板中吸取图片的背景颜色，如图11-151所示，然后单击"确定"按钮。

图 11-150　单击吸管工具　　　图 11-151　吸取背景颜色

步骤 11 在"节目"面板中预览各个图片素材的效果，如图11-152所示，然后隐藏标尺和参考线。

图 11-152　预览图片素材的效果

步骤 12 在序列中选中所有图片剪辑并单击鼠标右键，选择"嵌套"命令，在弹出的对话框中输入名称，然后单击"确定"按钮，即可创建嵌套序列，如图11-153所示。

步骤 13 在序列中单击A1轨道左侧的 按钮锁定该轨道，然后按住【Ctrl】键的同时拖动"图片"嵌套序列到V1轨道上，并将其插入到第一个视频素材的右侧，如图11-154所示。

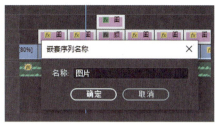

图 11-153　创建嵌套序列

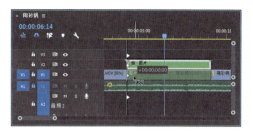

图 11-154　插入"图片"嵌套序列

步骤 14 将播放指示器移至00:00:06:14位置，按【R】键调用比率拉伸工具，使用该工具拖动"图片"嵌套序列的右端到播放指示器位置，如图11-155所示。

步骤 15 选中"陶砂锅04"视频素材，按【Ctrl+R】组合键打开"剪辑速度/持续时间"对话框，将"速度"设置为"50%"，选中"波纹编辑，移动尾部剪辑"复选框，然后单击"确定"按钮，如图11-156所示。采用同样的方法对其他视频素材进行调速，并根据需要修剪。

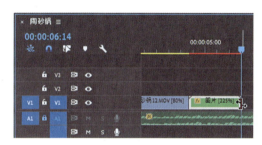

图 11-155　使用比率拉伸工具调整嵌套序列

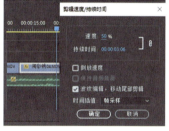

图 11-156　设置剪辑速度

步骤 16 选中"陶砂锅05"视频素材，在"效果控件"面板选中"运动"效果，然后在"节目"面板中调整锚点的位置，如图11-157所示。

步骤 17 在"效果控件"面板中启用"缩放"动画，添加两个关键帧，将"缩放"参数分别设置为"100.0""150.0"，如图11-158所示，然后设置动画缓入缓出。

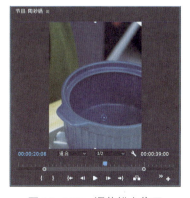

图 11-157　调整锚点位置

图 11-158　编辑"缩放"动画

步骤 18 视频素材调整完成后，在"节目"面板中预览视频效果，如图11-159所示。

图 11-159 预览视频效果

↘ 三、视频调色

下面对视频进行调色，增强画面的质感，使各视频素材颜色统一，具体操作方法如下。

视频调色

步骤 01 在序列中选中第一个视频素材，打开"Lumetri颜色"面板，在"基本校正"选项中调整"对比度""白色""黑色"等参数，如图11-160所示。

步骤 02 在"RGB曲线"选项中调整白色曲线，增加画面的亮度，如图11-161所示。

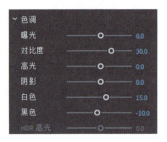

图 11-160 调整"色调"参数　　图 11-161 调整白色曲线

步骤 03 在"节目"面板中预览调色前后的对比效果，如图11-162所示。

步骤 04 在"效果控件"面板中选中"Lumetri颜色"效果，按【Ctrl+C】组合键复制该效果，如图11-163所示，然后在序列中选中其他视频素材，并按【Ctrl+V】组合键粘贴"Lumetri颜色"效果。

图 11-162 预览调色前后的对比效果　　图 11-163 复制"Lumetri 颜色"效果

步骤 05 选中"陶砂锅08"视频素材，在"Lumetri颜色"面板的"基本校正"选项中根据需要调整"色调"参数，使画面颜色前后统一，如图11-164所示。

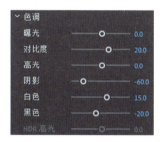

图 11-164　调整"色调"参数

步骤 06 在"节目"面板中预览调色前后的对比效果，如图11-165所示。

图 11-165　预览调色前后的对比效果

四、添加字幕并制作字幕动画

添加字幕并制作字幕动画

下面为陶砂锅商品详情页视频添加字幕，对商品进行简要介绍，并为字幕制作入场动画，具体操作方法如下。

步骤 01 使用文字工具在"图片"嵌套序列上方添加文本素材，并设置文本格式，如图11-166所示。

步骤 02 在"节目"面板中预览文本效果，如图11-167所示。

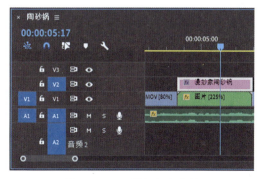

图 11-166　添加文本素材　　　图 11-167　预览文本效果

步骤 03 在工具面板的钢笔工具组中选择矩形工具 ■，使用矩形工具在"陶砂锅04"视频素材上方绘制矩形，在"节目"面板中将图形中的锚点移至矩形左侧，如图11-168所示。

步骤 04 在"效果控件"面板的"形状（形状01）"效果中展开"变换"选项，取消选中"等比缩放"复选框，启用"水平缩放"动画自动添加第一个关键帧，然后将播放指示器向右移动25帧，手动添加第二个关键帧。将播放指示器移至第一个关键帧位置，将"水平缩放"参数设置为"0"，如图11-169所示，即可制作形状从左向右擦除显示的动画效果。

图 11-168　调整锚点位置　　　　图 11-169　编辑"水平缩放"动画

步骤 05 设置关键帧缓入缓出，然后展开"水平缩放"选项，根据需要调整贝塞尔曲线，如图11-170所示。

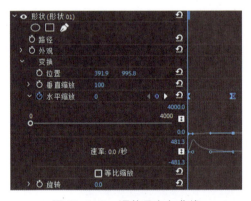

图 11-170　调整贝塞尔曲线

步骤 06 拖动时间轴视图左上方的控制柄调整开场持续时间，使其覆盖关键帧动画，如图11-171所示。

步骤 07 在形状外观设置中单击"填充"按钮，弹出"拾色器"对话框，选择"线性渐变"选项，根据需要调整渐变控件中的色标、不透明度色标、色标中点和不透明度中点，以设置渐变颜色，然后单击"确定"按钮，如图11-172所示。

步骤 08 在"节目"面板中根据需要调整不透明度控制柄的位置，预览渐变效果，如图11-173所示。

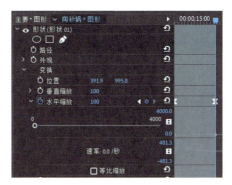

图 11-171　调整开场持续时间

图 11-172　设置渐变颜色

图 11-173　预览渐变效果

步骤 09 在"图形"素材上方使用文字工具添加文本素材，并输入文本，如图11-174所示。

步骤 10 在"节目"面板中预览文本效果，如图11-175所示。

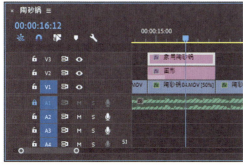

图 11-174　添加文本素材

图 11-175　预览文本效果

步骤 11 打开"基本图形"面板，在"文本"组中设置文本的字体、大小、对齐方式、字间距等格式，如图11-176所示。

步骤 12 在"主样式"组中单击下拉按钮，选择"创建主文本样式"选项，在弹出的对话框中输入文本样式名称，然后单击"确定"按钮，如图11-177所示。

图 11-176　设置文本格式　　图 11-177　创建文本样式

步骤 13　创建文本样式后，即可在"项目"面板中看到该文本样式，如图11-178所示。要为其他文本素材应用该文本样式，只需将"字幕（大）"文本样式拖至相应的文本素材上即可。

图 11-178　查看文本样式

步骤 14　在"效果"面板中搜索"裁剪"，然后双击"裁剪"效果以添加该效果，如图11-179所示。

步骤 15　在"效果控件"面板中选中"裁剪"效果，在"节目"面板中显示裁剪框，拖动下边框至文本的底部，如图11-180所示。

图 11-179　添加"裁剪"效果　　图 11-180　调整裁剪框

步骤 16 在"效果控件"面板的文本效果中展开"变换"选项，启用"位置"动画自动添加第一个关键帧，然后将播放指示器向右移动30帧，手动添加第二个关键帧；将播放指示器移至第一个关键帧位置，根据需要调整"位置"中的y坐标参数，将文本向下移出裁剪框。展开"位置"选项，设置动画缓入缓出并调整贝塞尔曲线，如图11-181所示。

图 11-181　编辑"位置"动画

步骤 17 启用"缩放"动画，添加两个关键帧，将"缩放"参数分别设置为"110""100"，调整贝塞尔曲线，如图11-182所示。

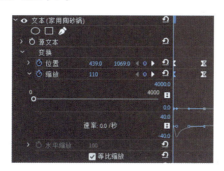

图 11-182　编辑"缩放"动画

步骤 18 拖动时间轴视图左上方的控制柄，调整开场持续时间，使其覆盖关键帧动画，如图11-183所示。

步骤 19 在"节目"面板中预览文本动画效果，如图11-184所示。

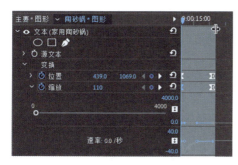

图 11-183　调整开场持续时间

图 11-184　预览文本动画效果

步骤 20 在"家用陶砂锅"文本素材上方使用文字工具再添加一个文本素材，并输入文本，如图11-185所示。

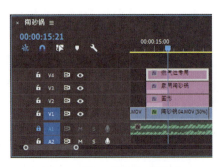

图 11-185　添加文本素材

步骤 21 在"节目"面板中预览文本效果，如图11-186所示。

步骤 22 在"基本图形"面板中设置文本格式，在"主样式"组中单击下拉按钮，选择"创建主文本样式"选项，在弹出的对话框中输入文本样式名称，然后单击"确定"按钮，如图11-187所示。

图 11-186　预览文本效果　　图 11-187　创建文本样式

步骤 23 为文本素材添加"裁剪"效果，在"节目"面板中拖动裁剪框的上边框至"燃气灶专用"文本的顶部，如图11-188所示。

图 11-188　调整裁剪框

步骤 **24** 按照前面介绍的方法，在"效果控件"面板中编辑文本的"位置"和"缩放"动画，如图11–189所示，使文本从上方缩小并进入画面。

步骤 **25** 在"节目"面板中预览文本动画，如图11–190所示。

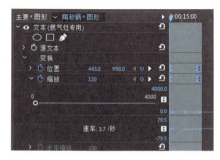

图 11–189　编辑文本动画　　　　图 11–190　预览文本动画

步骤 **26** 选中图形和文本素材，在按住【Alt】键的同时向右拖动进行复制，然后根据需要修改文本，如图11–191所示。

图 11–191　复制素材并修改文本

步骤 **27** 选中文本素材，在"基本图形"面板中根据需要修改文本格式，此时"主样式"下拉列表框中显示文本样式已修改，单击右侧的"推送为主样式"按钮↑，此时所有应用了该文本样式的文本素材都会得到更改，如图11–192所示。

步骤 **28** 在序列中选中图形和文本素材并单击鼠标右键，选择"嵌套"命令，即可创建嵌套序列，然后对嵌套序列进行修剪，如图11–193所示。

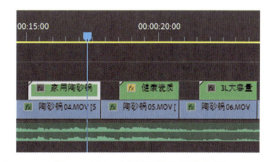

图 11–192　单击"推送为主样式"按钮　　　图 11–193　创建并修剪嵌套序列

步骤 29 根据需要在"效果控件"面板中调整各嵌套序列的"位置"参数，以改变字幕位置，在"节目"面板中预览字幕效果，如图11-194所示。在"节目"面板中预览商品详情页视频整体效果，然后按【Ctrl+M】组合键导出视频。

图 11-194　预览字幕效果

项目实训

打开"素材文件\项目十一\项目实训"文件夹，使用其中的女包视频素材制作女包主图视频，如图11-195所示。

项目实训（1）　项目实训（2）

图 11-195　女包主图视频

操作提示：在序列中对视频素材进行粗剪；添加背景音乐，使用"时间重映射"功能对视频剪辑进行变速调整；添加 Premiere Pro 2020 中内置的转场效果，使用动画编辑视频转场效果；使用调整图层和"Lumetri 颜色"面板制作画面闪光效果；使用蒙版制作片尾动画。